Jogada de SUCESSO

Como construí uma empresa milionária com conceitos e estratégias que aprendi no pôquer

♣♦♥♠

Leandro Gorzoni

JOGADA DE SUCESSO
Como construí uma empresa milionária com
conceitos e estratégias que aprendi no pôquer

ISBN 978-85-67962-34-4

Autor: **Leandro Gorzoni da Silva**
Capa e Ilustrações: **Marcelo Gorzoni da Silva**
Coordenação Editorial: **Marlucy Lukianocenko**
Organização de Conteúdo: **Denise Turco**
Projeto Gráfico e Diagramação: **Maria Cristina Pacheco**
Revisão: **Fátima Caroline P. de A. Ribeiro**

Dados Internacionais de Catalogação na Publicação (CIP)
(Câmara Brasileira do Livro, SP, Brasil)

Gorzoni, Leandro
Jogada de sucesso : como construí uma empresa milionária com conceitos e estratégias que aprendi no pôquer / Leandro Gorzoni. -- São Paulo : Poligrafia Editora, 2024.

Bibliografia.
ISBN 978-85-67962-34-4

1. Gestão de negócios 2. Jogos de azar 3. Negócios I. Título.

24-221814 CDD-658.4012

Índices para catálogo sistemático:

1. Estratégias de negócios : Administração 658.4012

Tábata Alves da Silva - Bibliotecária - CRB-8/9253

Poligrafia Editora
www.poligrafiaeditora.com.br
E-mail: poligrafia@poligrafiaeditora.com.br
Rua Maceió, 43 – Cotia – São Paulo
Fone: 11 4243-1431 / 11 99159-2673
A editora não se responsabiliza pelo conteúdo
da obra formulada exclusivamente pelo autor.

"Em qualquer situação, a melhor coisa que você pode fazer é a coisa certa; a próxima melhor coisa que você pode fazer é a coisa errada; a pior coisa que você pode fazer é nada".

THEODORE ROOSEVELT

AGRADECIMENTOS

À minha esposa, Carolina, e à minha filha, Liv[1], que me moldam, aceitam e convivem com as duas facetas do Leandro: empresário e jogador de pôquer.

Aos meus pais, João Carlos e Marilene, por me guiarem e darem uma base para que eu pudesse crescer profissionalmente e como pessoa.

Ao meu irmão, Marcelo, por ser o melhor exemplo profissional que pude ter ao longo da minha vida.

Aos meus amigos Sandro Botelho, Eduardo Antonietto e Rodrigo Bernardino, por mais de 25 anos de amizade.

Ao Vinicius Herrera, por acreditar em mim no começo, quando eu mesmo tinha dúvidas de até onde chegaria.

Aos meus sócios José Parelho e Rodrigo Friano, por serem exemplos para que eu busque sempre ser um CEO melhor para nossos colaboradores e parceiros.

1. Um baralho é composto de 54 cartas, sendo 52 e 2 coringas; 54, em números romanos, escreve-se LIV. Coincidências do destino.

PREFÁCIO

ANDERSON OLIVEIRA[2]

O mundo dos negócios assemelha-se a um jogo de várias maneiras. Assim como num jogo, no ambiente empresarial, temos regras, estratégias e jogadores em busca dos melhores resultados. Quem deseja performar melhor na carreira e nos negócios precisa dedicar muito foco e energia em seu desenvolvimento. Uma maneira eficaz de acelerar essa evolução é recorrer aos valiosos ensinamentos de mentores e jogadores experientes. Este livro oferece esse tipo de conhecimento.

A realidade é que ninguém nasce pronto. Para vencer, no pôquer ou nos negócios, é preciso disposição para trilhar um longo caminho. A vida vai testar suas convicções e o jogo colocará seus sonhos à prova. Por isso, uma característica marcante dos jogadores vitoriosos é a mentalidade de crescimento e o comprometimento

---

2. Anderson Oliveira é professor convidado dos cursos de MBA da FGV e da FIA Business School. Mestre em Administração de Empresas, com MBA Internacional pela FGV/Universidade da Califórnia, é pós-graduado em Neurociência e Comportamento e graduado em Engenharia Mecânica. Sócio-diretor da FYK consultoria, tem conduzido projetos relacionados à gestão estratégica de pessoas em organizações dos mais variados perfis e segmentos. Possui larga experiência em processos de *assessment* junto a executivos e gestores, reunindo certificação nos instrumentos de perfil MBTI, DISC, EQi e VECA. É coautor dos livros "Gestão Estratégica de Pessoas" e "Aprendizagem e Desenvolvimento de Pessoas" da FGV Editora.

em melhorar continuamente. Analisando a trajetória dos grandes jogadores de pôquer, percebemos que a evolução no jogo demanda muita preparação. De forma semelhante, o sucesso nos negócios estará ao alcance dos jogadores mais bem preparados.

Poucos ambientes desafiam tanto nossas capacidades cognitivas e de gestão quanto uma mesa de pôquer, especialmente quando estamos rodeados por jogadores de alto nível. Isso faz deste jogo fascinante, uma preciosa fonte de *insights* para o desenvolvimento pessoal.

Lembro-me de quando conheci Leandro Gorzoni. Planejávamos a implementação de um programa de desenvolvimento de lideranças em sua empresa. O que me chamou a atenção foi que, na época, tratava-se de um negócio de médio porte, com uma cultura única, conduzido por profissionais com grandes sonhos e um admirável apetite por aprender. Tive a oportunidade de acompanhar a rápida evolução desse negócio, que, poucos anos depois, passou a figurar entre as maiores empresas do seu segmento, com aprimoramento consistente nas práticas de gestão e nas competências do time.

Especialistas em liderança diriam que "competência é o nome do jogo". Competências derivam de uma combinação de conhecimentos, habilidades e atitudes que, quando desenvolvidas, permitem ao indivíduo efetivar seu talento e gerar valor. Torneios de pôquer de alto nível exigem, no limite, algumas competências que também são muito demandadas no campo dos negócios. Analisemos algumas delas.

Jogadores de pôquer e empreendedores devem dominar a competência de tomar decisões estratégicas em cenários de incerteza, onde as informações são incompletas e os resultados, imprevisíveis. Nesse tipo de contexto, a capacidade de avaliar probabilidades e fazer escolhas bem calculadas é essencial.

Ambos devem evitar o chamado risco da ruína. O estatístico e financista Nicholas Nassim Taleb trata desse tema em seus textos. Segundo ele, deve-se evitar o risco de um evento que possa levar a perdas irreversíveis, já que a sobrevivência é um pré-requisito para qualquer estratégia a longo prazo. Uma jogada mal pensada no pôquer pode tirar alguém do jogo. Da mesma forma, uma aposta mal calculada nos negócios pode culminar em fracasso e endividamento.

A inteligência emocional é outra competência fundamental em ambas as trajetórias. Tanto jogadores de pôquer quanto empreendedores precisam fortalecer seu domínio sobre as emoções. Eles serão desafiados a enfrentar altos e baixos, controlar a ansiedade e aprender com seus erros. Ao ampliar sua competência de gestão emocional, aprimora-se a capacidade de lidar com serenidade tanto com as vitórias quanto com as derrotas. Na realidade, jogadores e empreendedores de sucesso mantêm seu foco em realizar o processo com excelência, de modo que os resultados que almejam tornem-se uma consequência inevitável. Eles concentram uma enorme energia, advinda do amor pelo jogo, na sua evolução como jogadores. Altos e baixos serão frequentes na caminhada e a inteligência emocional trará a resiliência necessária para lidar com as adversidades.

No pôquer, entender as pessoas a ponto de compreender a expressão não verbal dos oponentes proporciona uma vantagem preciosa. No entanto, de nada vale conhecer os outros sem conhecer a si próprio. O autoconhecimento é fundamental para lidar melhor com suas crenças e vieses. É atribuída ao general, estrategista e filósofo chinês Sun Tzu a frase: "Se você conhece o inimigo e conhece a si mesmo, não precisa temer o resultado de cem batalhas. Se você se conhece, mas não conhece o inimigo, para cada vitória ganha sofrerá também uma derrota. Se você não conhece nem o inimigo nem a si mesmo, perderá todas as batalhas".

No contexto empresarial, conhecer a si próprio ajuda a identificar suas potencialidades e vulnerabilidades, permitindo que você se posicione de forma mais realista frente aos desafios. Além disso, entender de pessoas ajuda a escolher parceiros com mais sinergia e assegurar que a equipe tenha a pessoa certa no lugar certo.

Jogadores de pôquer precisam saber quando apostar e quando recuar, a partir da uma leitura perspicaz do jogo. De forma semelhante, empreendedores devem decidir quando seguir investindo em bons negócios e quando abandonar empreitadas pouco promissoras. Em ambos os casos, a competência de pensamento estratégico é crucial para otimizar resultados.

Este livro que você tem em mãos traz ótimos exemplos do pensamento estratégico em ação. Nele, você encontrará *insights* valiosos sobre estratégias para o pôquer e para os negócios. Contudo, confesso que meus maiores aprendizados ao mergulhar no texto foram relacionados às vivências compartilhadas pelo autor, tanto nos maiores torneios de pôquer do planeta quanto nos desafios de criar, gerenciar e fazer crescer negócios prósperos. Espero que essas lições possam inspirar você tanto quanto me inspiraram.

Grandes estrelas do pôquer aprendem desde cedo a importância de estar à mesa certa. Além disso, é preciso desenvolver a habilidade de identificar o perfil dos jogadores que nela estão. Isso também é fundamental no mundo dos negócios.

Por exemplo, a escolha dos sócios e parceiros que estarão ao seu lado em um negócio é determinante para o sucesso. Trilhar o caminho do empreendedorismo com pessoas alinhadas com seu propósito é crucial para prosperar. Ao mesmo tempo, conhecer os oponentes que estão no cenário de negócios é essencial para selecionar estratégias mais eficazes.

Imagine-se dividindo uma mesa de pôquer nas rodadas finais de um torneio internacional. Isso provavelmente faria o seu coração bater em alta rotação! Nos últimos anos, tive a satisfação de estar à mesa de negócios com ele, dividindo *insights* e reflexões enriquecedoras sobre desenvolvimento humano e gestão de negócios.

A leitura deste livro representa a oportunidade de estar à mesa com Leandro e ter acesso a ensinamentos com potencial para elevar seu jogo nos negócios, no pôquer e na vida. Aproveite!

SUMÁRIO

INTRODUÇÃO

ALINHANDO EXPECTATIVAS

NÃO SE PREOCUPE SE NÃO GOSTAREM DE VOCÊ. A MAIORIA DAS PESSOAS ESTÁ LUTANDO PARA GOSTAR DELAS MESMAS.

(Autor desconhecido)

Quero convidar você, leitor, para me acompanhar numa jogada de sucesso que te levará a novas perspectivas, visões de negócios, desafios e oportunidades em sua vida pessoal e empresarial. Mas antes de distribuirmos as cartas e planejarmos nossa estratégia para virar o jogo, deixe-me apresentar.

Meu nome é Leandro Gorzoni da Silva, sou CEO da agência de marketing digital Yooper, presidente da *holding* P4C e sócio em outras empresas. Tenho enorme paixão pelo meu trabalho e pelo pôquer, que jogo com certa frequência e participo de torneios dentro e fora do Brasil sempre que a agenda possibilita.

Comecei a jogar aos 19 e a empreender aos 17. Já trabalhei por amor, já trabalhei por dinheiro e já trabalhei de graça. Já ganhei alguns bons milhões, e perdi também. Já trabalhei tempo suficiente para bater minhas metas pessoais dos 30 anos, depois dos 32, 35 e, agora, dos 40.

Tive o prazer e a preocupação de descobrir que o problema de ter metas não é o fato de não conseguir alcançá-las, mas sim o que acontece quando você as atinge. E após atingir todas encontrei depressão, dores psicossomáticas e uma oportunidade enorme de ser simplesmente eu na versão mais pura e leve, sem máscaras, sem camisas caras ou blazer de alfaiataria.

Foi diante dessas descobertas e experiências pessoais e profissionais que decidi escrever este livro. Um sentimento visceral de quem viveu anos sob uma dicotomia de personas (o jogador e o empresário) e que em algum momento dessa fase entendeu que todas as versões anteriores do Leandro podem e formam o mesmo Leandro simultaneamente.

Meu objetivo é compartilhar essas paixões que hoje estão totalmente conectadas em minha vida e mostrar o que encontrei ao longo dos últimos anos, empreendendo e jogando nessa estrada que consegui trilhar com sucesso.

Mas, antes de entrarmos no incrível mundo das 52 cartas do pôquer e como elas estão relacionadas aos negócios, quero alinhar as expectativas com você, meu amigo leitor. É sempre bom evitar o *churn*[3] futuro e, quem sabe, conquistar um bom *review* do livro.

Então, o que você pode esperar deste livro? Vamos alinhar nossas expectativas.

Não sou escritor. Não vivo ou espero viver vendendo obras literárias. E por que isso deveria ser interessante para você? Porque, simplesmente, não tenho motivos para não abrir minha caixa de Pandora. Tudo o que sei, aprendi, perdi e ganhei está entregue nestas páginas. Sem limites ou considerações. É o meu mais real sentimento, orgulho e frustração de empreender e jogar por tantos anos e conquistar certo sucesso como empresário. Então, sem aquele sentimen-

3. Métrica que indica a taxa de cancelamento de clientes ou quantos clientes a empresa perdeu em determinado período.

to de comprar um iPhone ou um Samsung sabendo que, dentro de algum tempo, virá uma nova versão. Esta é a minha melhor versão!

Não sou jogador profissional de pôquer. Nem ousaria colocar--me em um patamar de grandes nomes do nosso pôquer brasileiro, como Yuri Martins, Pedro Garagnani, Brunno Botteon, Felipe Mojave, Pedro Padilha e Felipe Ketzer, entre outros que fazem nosso País estar entre os melhores do mundo atualmente. Apesar da enorme vontade que já tive de seguir a carreira profissional, decidi empreender. Mas continuei estudando – estudos estes que me fizeram ter condições de correlacionar tantas coisas com meus negócios e que me dão condições de escrever estas páginas – e jogando pôquer sempre mais.

Não vou falar de teoria de negócios, como fazer uma gestão estratégica ou apontar qual o momento certo para expandir sua empresa ou vida profissional. Existem muitos livros sobre esses assuntos, muito melhores do que qualquer coisa que eu possa escrever por aqui.

Acredito, sinceramente, que aprendemos algo novo todos os dias. Portanto, este livro é justamente sobre aprendizados. Em cada reunião na empresa, cada vez que piso em Las Vegas ou abro um torneio *on-line,* estou aprendendo e criando conexões entre o Leandro empresário e o Leandro jogador.

Se você busca, em sua vida profissional e/ou pessoal, por essas conexões e provocações sem filtro ou moderação, venha comigo. Nestas páginas, procurei contar tudo o que consegui extrair do pôquer, um jogo com regras simples, mas de uma complexidade estratégica incrível, que me fez estudá-lo para aplicar seus conceitos nos meus negócios. Hoje, a Yooper é uma das maiores agências de marketing digital do País, eleita duas vezes como uma das 10 melhores agências do ano para trabalhar no Brasil pelo Great Place to Work (GPTW) e com centenas de *cases* de sucesso entregues. Já atendemos mais de 500 clientes de médio e grande porte, com alguns bilhões de reais de receita gerada para eles ao longo desses anos. Somente na última ação de Black Friday, transacionamos mais de R$ 100 milhões em vendas para nossos clientes.

Em cada capítulo, vou mostrar situações que vivi no pôquer e como o jogo deu *insights* importantes para resolver problemas de negócios, como controle de percepções, relação entre sorte e azar e até mesmo o entendimento matemático de probabilidades.

Vejo muitos materiais escritos sob a perspectiva de jogadores de pôquer profissionais. Por isso, minha ideia é trazer aqui não apenas as vitórias, mas as dificuldades e derrotas que enfrentei sob o viés do universo empresarial. Para mim, o pôquer e o espírito empreendedor caminham lado a lado numa estrada de competências, desafios, superações e frustrações.

Você não precisa ser jogador ou conhecer as regras do pôquer. Não importa se é um empresário que busca mais conhecimento para a gestão do negócio ou um profissional que deseja se destacar na empresa. Neste livro, te convido a conhecer essa mesma estrada e ver as sinergias óbvias que habitam nela. Te convido a olhar para dentro de si mesmo e a mudar a perspectiva de ações, pensamentos e conceitos. E, quem sabe, no final da estrada, você, assim como eu, encontre a tão sonhada jogada de sucesso para sua vida.

Expectativas alinhadas!

Boa leitura!

CAPÍTULO 1

♣♦♥♠

COMO TUDO COMEÇOU

DUAS COISAS DEFINEM VOCÊ: SUA PACIÊNCIA QUANDO VOCÊ NÃO TEM NADA E SUA ATITUDE QUANDO VOCÊ TEM TUDO.

(Autor desconhecido)

Em minha vida, as estradas do empreendedorismo e do pôquer cruzaram-se na época da faculdade, quando eu cursava Administração de Empresas no Mackenzie, em São Paulo.

Na estrada do pôquer, comecei a jogar por incentivo de um amigo que o Mackenzie orgulhosamente me deu e de quem jamais me esquecerei: Luis Simioni ou, simplesmente, Luisinho. Por volta do ano 2006, o pôquer ainda era extremamente mal interpretado e considerado por muitos como um jogo de azar, sem qualquer fator de habilidade (fato de que trataremos ao longo do livro)[4]. Cheguei a ser campeão paulista de truco, mas entendi que meu coração batia por um jogo de cartas mais complexo, com mais variáveis, apostas e riscos (e, talvez, com menos gritaria).

4. Diferentemente do passado, atualmente, no Brasil, o pôquer enquadra-se como um jogo de habilidade e estratégia, e não como jogo de azar. Portanto, não é ilegal no País.

E foi quase como num filme ilegal de faroeste que, madrugada adentro, comecei a me reunir com os amigos para jogar e, posteriormente, a frequentar casas de pôquer em São Paulo.

A primeira vez que entrei numa casa de pôquer foi através de um convite privado no Orkut para um jogo no Automóvel Clube Paulista, localizado na imponente esquina da Avenida Brasil com a 9 de Julho. Não pensei duas vezes e entrei no carro com meu amigo e quase irmão Rodrigo Bernardino, a única pessoa mais louca que eu para aceitar um convite via Orkut de um desconhecido para ir jogar em um lugar mais desconhecido ainda. Chegando lá, fomos direcionados para uma sala no segundo andar, onde cerca de 20 pessoas estavam reunidas. Jogamos a noite toda, corações acelerados, nos divertimos, aprendemos, ganhamos mais do que perdemos e, no final, saí de lá sabendo que queria jogar para o resto da vida.

Na mesma época, também comecei a jogar *on-line*, o que potencializou ainda mais minha vontade pelo pôquer. Foram muitos os dias em que eu chegava às 23h em casa, após a faculdade, que cursava no período noturno, ligava o computador, abria o então soberano Party Poker[5] e caía madrugada adentro jogando e ganhando muito mais do que meu estágio pagava na época. Mal sabia eu que, anos depois, estaria jogando o mundial de pôquer em Las Vegas, realizando boa parte dos meus sonhos, quebrando todas as barreiras de preconceitos e dúvidas que aquele garoto de 20 e poucos anos tinha sobre a vida.

Já na estrada do empreendedorismo, é difícil lembrar exatamente quando me olhei no espelho e entendi que queria aquela vida. Mas tenho a convicção de que parte do sucesso dessa estrada foi um reflexo da minha realidade. Desde pequeno, via meu pai e minha mãe trabalharem dia a dia de maneira extremamente exaustiva e passei a normalizar aquilo. Em uma época em que não se ouvia a palavra *workaholic*, eu e meu irmão já tínhamos aulas diárias em casa sobre dedicação, foco no resultado e no trabalho.

---

5. Plataforma *on-line* de pôquer.

Outro fator importante que acabou impulsionando minha vontade de empreender foi um período turbulento que vivi na escola, sofrendo *bullying* por causa da gagueira que tinha, entre outros traumas já superados. Hoje, isso me faz dar risada da ironia que é quando faço alguma palestra ou um simples comunicado para os mais de 100 funcionários da empresa. Infelizmente, não se ensina na escola como canalizar os desafios e problemas em oportunidades. Tive que aprender sozinho essa.

A verdade é que consigo até encontrar motivos por que o empreendedorismo foi estimulado e desenvolvido, mas, sinceramente, desde que me conheço por gente, ele sempre esteve comigo. Resgatando minha memória mais antiga, eu devia ter 11 anos e era um dia de extremo sol. Estávamos brincando na piscina do prédio onde morei em minha infância e adolescência inteiras, na região do Brooklin, Zona Sul de São Paulo, quando um amigo resolveu ir à vendinha da esquina e comprar geladinhos em grande escala.

Ele deixava o geladinho no *freezer* de casa e, de bom grado, revendia pelo mesmo preço que havia comprado sempre que um amigo queria. Ainda consigo lembrar o momento em que o questionei sobre o tempo que ele gastava indo até a loja, o custo da energia do *freezer* para manter o produto, além de todo o valor percebido da comodidade que era, para nós, apenas pedirmos a ele e, em troca de algumas moedas, podíamos saciar a vontade e o calor. Felizmente, ele nunca entendeu o conceito de *markup*[6] e eu pude tomar muitos geladinhos ao longo de alguns anos.

O tempo passou e, aos 17 anos, pouco antes de entrar para o curso de Administração, em uma iniciativa desesperada de ganhar alguns trocados, abri minha primeira agência, junto com meu amigo Rodrigo (o mesmo que viria a entrar no mundo do pôquer comigo alguns anos depois já era meu sócio na agência criada na portaria do prédio no Brooklin – dois jovens que só queriam um dinheiro a mais para se divertir). Ali, nasceu a Viva Mídia.

---

6. *Markup* é um índice utilizado na formação do preço de venda de um produto ou serviço, que aparece na definição do seu custo.

Em nossa agência, fazíamos de tudo: *sites*, anúncios, adesivos, *folders, banners* etc. Visitávamos shoppings como Ibirapuera, Eldorado, Market Place e Morumbi, batendo de porta em porta nas lojas, perguntando sobre o marketing da empresa e se havia algo que poderíamos fazer. Parece loucura, não é? Mas, em 2003, um *website* ou marketing digital era algo que só sobrinhos e pessoas de outro mundo faziam! Então, fomos extremamente bem recebidos e a empresa nasceu e prosperou. Sem gestão, sem controle, sem organização, mas com uma boa dose de loucura e sucesso.

Foram muitas reuniões icônicas de dois garotos com menos de 20 anos ensinando sobre marketing digital, *websites* e campanhas de performance e *branding* para pessoas que não faziam a menor ideia do que estávamos falando ou simplesmente não queriam entender. Foi assim que, em 2003, fiz meu primeiro anúncio no Google Adwords, de uma demolidora localizada na Avenida dos Bandeirantes. Ainda sem saber como aquele tal buscador chamado Google funcionava ou se, de fato, dava resultado, esperei ansiosamente o cliente me avisar. Alguns dias depois, ele me ligou dizendo que nunca teve tantos orçamentos, que não sabia o que estávamos fazendo, mas que era para continuar (ah, época boa em que o oceano do Google era tão azul que dava para ver os peixinhos nadando).

Depois de alguns anos, já cursando a faculdade e entendendo a necessidade de ter uma base teórica e conhecimento empresarial de como o mercado e as grandes organizações funcionavam, vendi minha parte na empresa para me dedicar integralmente a essa capacitação pessoal.

Em 2006, consegui um estágio no Buscapé, uma plataforma de comparação de preços *on-line* e uma das grandes potências digitais no Brasil na época. Considero o Buscapé minha maior escola de marketing. Trabalhei lá por seis anos, desde o estágio até a coordenação de BI (Business Intelligence), passando também pela área de Parcerias Comerciais. Era exatamente a preparação empresarial que eu buscava e precisava. Foi fundamental viver essa experiência e fiz valer cada segundo de aprendizado e trabalho.

Apesar da copiosa preocupação dos meus pais, saí de lá para voltar a empreender em um novo projeto: uma ferramenta SaaS (Software as a Service) de e-mail marketing em que aplicávamos um modelo de *revenue share*[7] e com o usuário, ou seja, pagávamos para o usuário um valor para cada e-mail aberto. Em uma época em que ninguém sonhava com a Lei Geral de Proteção de Dados Pessoais (LGPD), o potencial do e-mail marketing era enorme e extremamente rentável. Crescemos rapidamente, com centenas de cadastros todos os dias; mas, alguns meses depois, esbarramos em bloqueios de *spam* e travas sistêmicas e o projeto, infelizmente, acabou não indo para a frente.

Assim, poucos meses depois, vi-me diante de uma decisão enorme. Tinha largado uma carreira no Buscapé e o projeto novo em que havia apostado já não existia mais. Era voltar para o mercado ou começar tudo do zero, sozinho.

Depois de algumas horas, não foi difícil encontrar a resposta: o empreendedorismo estava lá desde o dia em que nasci, e eu tinha a oportunidade e as condições mínimas para criar um negócio com valores, conceitos e estratégias que aprendi com a vida e com o pôquer (a essa altura, eu já era um jogador constante e com bastantes resultados).

Foi assim que, em 2011, nasceu a Compre Clicks, que depois cresceu e virou Yooper, hoje uma das maiores agências de marketing digital e performance do País. Recentemente, demos mais um passo importante e começamos um processo de expansão para criar uma holding, fazendo aquisições e levando adiante um projeto para internacionalizar os negócios com escritórios fora do Brasil. A Yooper tornou-se maior do que tudo o que eu, meus sócios e meu time poderíamos imaginar.

Ao longo dos anos, como fundador da Viva Mídia, estudante do Mackenzie, funcionário do Buscapé e CEO da Yooper, tentei abrir diversos outros negócios. Poucos deram certo, a maioria deles falharam e alguns vendi antes mesmo de dar errado, mas todos foram essenciais para me moldar e orientar.

---

7. *Revenue share*: Participação na receita

Para mim, a estrada do empreendedorismo sempre esteve muito conectada com a estrada do pôquer. Em tantos anos empreendendo, errando e acertando, pude contar com conceitos e estratégias que aprendi jogando para potencializar minhas decisões na empresa e fazê-la crescer cada vez mais.

Sempre acreditei no poder e na transformação de uma boa base teórica, estratégica e comportamental. Para quem não tem direção, qualquer caminho serve! Sempre procurei minha direção por meio de boas bases, estudos e observações. Não tenho dúvidas de que o Buscapé foi uma delas, pois foram seis anos em que mergulhei de cabeça para aprender, estudar, analisar comportamentos e me capacitar. Boa parte do começo da Compre Clicks e, por consequência, do sucesso atual que temos hoje como companhia foram construídos através de relações e conhecimentos que adquiri no Buscapé.

Porém, um fato curioso sobre minha carreira ainda me intriga. Você pode ser religioso e acreditar que "Deus escreve certo por linhas tortas" ou, simplesmente, acreditar que foi obra do acaso, mas a verdade é que, após vender minha parte na primeira agência para meu amigo e sócio, enquanto cursava o Mackenzie e antes de iniciar no Buscapé, tentei entrar em outra empresa, o que gerou minha primeira grande decepção profissional. Ainda consigo encontrar as raízes daquele sentimento de impotência e fragilidade. Eu devia ter uns 20 anos quando participei de um processo seletivo competindo com garotos que estavam entrando no mercado de trabalho. Parecia até injusto para eles, considerando todo o meu conhecimento naquele ponto do processo seletivo.

Para mim, era quase como um *pro bono*, em que eu estava cheio de conhecimento para agregar e receber da empresa, aliado a uma vontade ímpar de trabalhar e me desenvolver profissionalmente através de uma experiência em uma grande companhia. Foi assim, com um ar ridículo e prepotente de soberba, que entrei na sala para a última fase da entrevista.

Entrevista finalizada, algumas horas depois, recebi a ligação do RH informando que eu não tinha sido aprovado. Que escola fascinante, essa que chamamos de vida! Enquanto me revoltava, chorava e me cobrava o que havia faltado e onde havia falhado, a vida seguia. Algumas semanas depois, consegui o emprego no Buscapé e, assim, pude me desenvolver, aprender e agregar muito mais do que poderia imaginar.

Por que a ironia da história? A empresa em que não passei no processo seletivo era a gigante Blockbuster. Segundo a *Forbes*, entre 2003 e 2005, a Blockbuster perdeu 75% do valor de mercado, após recusar a compra da então novata Netflix por US$ 50 milhões. No Brasil, ela foi vendida para as Americanas por R$ 186 milhões, em uma ação mais focada nos pontos de venda da locadora do que no seu modelo de negócios. Depois de apenas alguns anos, a Blockbuster declarou falência, enquanto tentava liquidar US$ 1 bilhão em dívidas.

Sorte? Ironia do destino? Religião? Nunca saberemos. Bem-vindo à vida.

CAPÍTULO 2

♣♦♥♠

SORTE

SORTE É QUANDO A PREPARAÇÃO ENCONTRA A OPORTUNIDADE.

(Sêneca)

SORTE. Substantivo feminino: força invencível e inexplicável de que derivam todos os acontecimentos da vida; destino, fado, fatalidade: queixar-se da sorte. Circunstância feliz; fortuna, dita, ventura, felicidade: teve a sorte de sair ileso.

A chance de ganhar na Mega-Sena jogando seis números é de 50.063.860 para 1 ganhador. Qualquer pessoa que parasse para pensar nessa probabilidade de 0,00000197% jamais apostaria ou colocaria esperanças, dinheiro ou planos em cima de um mísero bilhete de seis dezenas. No entanto, em 2023, a 15ª edição da Mega da Virada registrou mais de 485.25 milhões de apostas no País, com uma arrecadação de R$ 2,42 bilhões, um aumento de 23,9% em relação a 2022, segundo a Caixa Econômica Federal.

Afinal, qual é a motivação? O que faz com que sonhemos em ser um sortudo ou sortuda em um universo de 50 milhões de pessoas?

O que faz com que nos ancoremos no pensamento: "Mas alguém tem que ganhar. Por que não eu?".

Vamos entrar no incrível mundo da sorte, envolto por grandes camadas de superstições e crenças. Falar sobre sorte e azar é falar sobre a vida, é falar de negócios e também, por coincidência, de pôquer.

Sorte, para o filósofo Lúcio Sêneca, é o encontro da preparação com a oportunidade. Esse foi um conceito a que me apeguei e que sigo em minha vida. No entanto, confesso que cada jogador, empresário, apostador, trabalhador ou transeunte tem sua própria definição e relação com a sorte.

Não existe um jogador de pôquer que não tenha um caso de amor e ódio com a tal da sorte. Até hoje, não conheci um empresário que não tenha atribuído algum tipo de prejuízo ao que ele chamou de azar: o contrato que não fechou, o colaborador que saiu no meio de um projeto importante e todo mundo ficou "na mão", um cancelamento inesperado, um *churn* mais alto do que o esperado e tantos outros exemplos são alocados numa coluna de azar.

Por isso, neste capítulo, vou contar como aprendi a lidar com a sorte e o que o pôquer me ensinou e me ensina, até hoje, sobre esse substantivo magnífico.

Lembro, muitos anos atrás, quando li pela primeira vez *Psicologia do poker*, de Alan Schoonmaker, livro que me marcou muito, pois eu estava no auge nos jogos de pôquer entre 2009 e 2010, ainda decidindo se iria encarar uma vida de empreendedorismo ou uma carreira de jogador profissional. Ao longo da leitura, fui banhado de informações e *insights* sobre como a sorte ou o azar afetam nosso dia a dia e, assim, pude sempre conectar tais conceitos a minhas relações empresariais.

Pense na sorte ou no azar como uma etiqueta ou categoria em que sua mente tem total autonomia para definir onde e quando classificar determinada ação. Ninguém irá questionar e você pode simplesmente classificar o que quiser como sorte. Acontece que, ao longo da nossa vida, somos criados para entender e reconhecer o que está na superfície de nossos olhos e mente.

Imagine uma criança andando de bicicleta. Ao errar a pedalada, ela acaba caindo e tendo consciência de seu erro. Possivelmente, neste caso, a criança não irá atribuir a queda ao azar, afinal, ela conseguiu identificar e ver o erro, o que faria com que treinasse mais até acertar.

No entanto, na maioria das vezes, não conseguimos ver essa pedalada errada; criamos subterfúgios de azar para justificar nossos próprios erros que não conseguimos ver ou reconhecer. Por mais que conseguíssemos ver a veracidade dessa afirmação, nos recusamos a acreditar, pois ela não está na superfície. E assim, somos movidos por uma angústia vertiginosa de querer estar no controle, de querer prever o que vai acontecer. Será que é a camiseta que estou vestindo? Será uma cor ou um número? O dia da semana?

E que mente poderosa nós temos para criar essas etiquetas. Elas vão ganhando forças e tornando-se nossa única realidade, até se tornarem tão concretas quanto este livro.

Lembro-me de uma ocasião, por volta dos meus 15 anos, em que eu usava, todos os dias, um colar que acreditava fielmente que me protegia. Tinha um contexto religioso por trás e eu depositava todos os meus medos de um adolescente descobrindo o mundo naquele colar. Aquele objeto me ajudava a viver e a ver o mundo de uma maneira mais leve.

Depois de usá-lo continuamente por mais de um ano, um dia decidi tirá-lo e não usar mais. Neste mesmo dia, estava de bicicleta a caminho da escola para o treino de futsal. Alguns minutos depois, na antiga Avenida Água Espraiada (atualmente, conhecida como Avenida Roberto Marinho), eu estava caído enquanto tentava segurar o sangue que escorria da perna. Havia "pedalado errado" e caído com certa gravidade.

Será que realmente pedalei errado? Vinte e cinco anos depois, minha mente ainda está convencida de que pedalei corretamente.

Só me restou a etiqueta do azar/superstição para justificar algo que poderia facilmente ser uma desatenção ou um medo excessivo de cair por estar sem o colar – e tal pensamento me levou a, justamente, cair. Nunca saberemos. Dei azar e ganhei uma cicatriz.

Quando estamos jogando ou trabalhando, estamos diretamente suscetíveis a eventos desconexos que vamos chamar de sorte ou azar. Querer prevê-los é o primeiro passo para uma vida frustrante.

Durante anos, tentei prever e correlacionar o meu dia com o número que digitava no micro-ondas ou a cor da cápsula do café, além das clássicas cores das camisetas, entre outras mil superstições infundadas. A verdade é que precisamos encontrar um meio de responsabilizar o outro, mesmo que, às vezes, o outro seja o universo. Quem melhor para culpar do que alguém que não pode responder com palavras?

No mundo do pôquer, podemos encontrar respostas sobre como lidar com a frustração do azar ou a dádiva da sorte para aplicá-las em nossa vida profissional.

Vamos a um exemplo.

Em um cenário hipotético, considerando a modalidade de pôquer Texas Hold'em, vamos imaginar que o Jogador A tem um par de AA, considerada a melhor mão do pôquer, e o Jogador B possui 7 e 2 de naipes diferentes, considerada a pior mão do pôquer. Porém, o Jogador B sai vitorioso. Como não atribuir ao azar o fato de ele ter a melhor combinação de cartas e acabar perdendo?

A grande diferença entre jogadores profissionais e amadores é o fato de os profissionais dominarem com maestria os pontos abaixo. São quatro lições que levo para a vida e aplico diariamente em minhas empresas.

1. TENHA CLAREZA SOBRE PERCENTUAIS E PROBABILIDADES

A grande maioria dos jogadores amadores, quando compara uma mão muito forte com uma muito fraca, atribui a probabilidade de sucesso próxima a 100%. Isso significa que não há chance de perder. Mas a falta de clareza sobre a situação te faz ficar míope e sofrer uma frustração enorme, atribuindo tudo ao azar, quando, na verdade, nunca foi sobre azar, mas apenas uma probabilidade básica aliada a uma falta de visão sua.

Em nosso exemplo, ainda que o Jogador A tenha 87,24% de chances de ganhar, existem 12,40% de probabilidade de perder. Isso porque estamos considerando a pior mão do pôquer. Se a jogada fosse contra outra mão, como 10 e J do mesmo naipe, o Jogador A teria 78,12%, contra 21,55% do Jogador B, por exemplo. Ou seja, entender que a cada 10 jogadas é possível perder pelo menos uma e até três ou quatro tranquilamente, é aceitar que não é sobre sorte ou azar, mas sobre probabilidades.

No mundo empresarial, não sabemos as probabilidades corretas e, na maioria das vezes, tendemos a negá-las, aproximando nossas chances de sucesso sempre de 100%. Diferentemente do pôquer, nos negócios não temos um *software* para avaliar as jogadas, mas posso garantir: nada do que você faça – um projeto, um novo *deal*, um produto, um M&A (*mergers and acquisitions* ou fusões e aquisições), uma contratação – tem 100% de sucesso. A concorrência, o mercado, a economia, entre tantos outros fatores, têm sua parcela generosa de combinações que fazem com que você possa perder com o seu AA. Dificilmente, perdemos um torneio porque perdemos uma mão. Aprenda a reconhecer isso e a não sofrer pelas derrotas pontuais.

2. CONHEÇA A COMPOSIÇÃO DA JOGADA

Um segundo grande motivo para perder é a composição da jogada. No nosso exemplo, isso significa que as condições naturais que fizeram com que seu AA fosse favorito já não existem mais e você não conseguiu identificar isso. Você se apegou ao cenário inicial da mão, ela mudou e você não reconheceu isso – uma situação clássica no pôquer e no mundo dos negócios. A grande (e difícil) questão é reconhecer que a situação mudou. É muito mais fácil e cômodo se apegar aos 100% que você achou que tinha do que reconhecer que os 100% viraram 70%, depois 50%, e agora 20%.

É aquele contrato que você acaba perdendo para um concorrente menor e, às vezes, até despreparado, e não consegue entender o motivo. É mais fácil falar: "o preço dele era mais barato. Eu nunca conseguiria competir assim" ou "as margens dele são horríveis", "zero sustentável esse preço", entre outras frases que já ouvi muitas vezes.

Depois, analisando friamente, você descobre que o motivo de o cliente ter optado pelo concorrente foi algo que a sua empresa fez, como uma precificação errada, ou quando a situação da negociação muda e você não consegue perceber (a necessidade do cliente mudou ao longo da proposta e do *briefing* e a equipe estava batendo na mesma tecla de serviço oferecido, por exemplo).

No pôquer, temos os chamados Street's – **Flop, Turn e River** –, três grandes momentos em que absolutamente tudo pode mudar numa mão.

FLOP: três cartas comunitárias, ou seja, compartilhadas por todos os jogadores, que são viradas simultaneamente na mesa após a primeira rodada de apostas.

TURN: depois do Flop, é a quarta comunitária virada para cima, no centro da mesa.

RIVER: a quinta e última carta comunitária virada na mesa do pôquer.

Seguindo nosso exemplo, o Jogador A tem AA (espadas e ouros), com 87,24% de chance de vitória, e o Jogador B possui 7 de copas e 2 de paus, com probabilidade de 12,40% de ganhar. Com um Flop de 2 de copas, 5 de paus e 6 de paus, temos uma mudança de cenário em que a probabilidade de ganhar do Jogador A cai para 73,33%, enquanto a do Jogador B sobe para 26,67%. Repare como o Jogador A perde equidade na mão.

Em um cenário com um Turn de 7 de paus, a probabilidade de vencer do Jogador A vai para 15,91% e a do Jogador B aumenta bastante, chegando a 84,09%.

Repare como a situação agora, com este 7 de paus no Turn, inverte completamente o jogo e faz com que o Jogador A esteja em completa desvantagem. A grande questão, aqui, é se este jogador está olhando e analisando isso ou se ele está apegado aos 87,24% de quando começou a mão. Assim como no pôquer, nos negócios, muitas vezes, negligenciamos essas novas "Streets", não reconhecemos as mudanças e acabamos culpando o azar quando perdemos.

Por isso, é tão importante e estratégico estar atento a dados, cenários macroeconômicos e *feedbacks* internos e externos. E, acima de tudo, desconfie dos números. Não aceite, simplesmente, o primeiro número; vá no detalhe, entenda e simule cenários. Se não fizermos isso, possivelmente, usaremos a estratégia inicial para um momento que não existe mais. Até dá para ganhar, mas aumenta, consideravelmente, a chance de perder. Depois, não vá falar que deu azar! Apenas reconheça que jogou mal e melhore.

3. DESCONFIE DE SUA MENTE E OLHE PARA SI MESMO

Outro grande passo para mitigar o conceito de sorte ou azar é aplicar alguns truques para si mesmo. No meu caso, por exemplo, em que passei meses digitando números aleatórios no micro-ondas no momento de aquecer a comida e avaliava o impacto disso na minha rotina (sim, eu sei que lendo parece algo fútil ou, ainda, extremamente louco da minha parte), resolvi, simplesmente, começar a colocar o mesmo número e reconhecer que havia dias bons e ruins, até me desapegar dessa ideia louca (os numerólogos que me perdoem). Você não precisa usar sempre a mesma camiseta ou uma cor específica para reconhecer que sorte ou azar são conceitos extremamente mais complexos.

Eu sei o quanto isso pode mexer com a sua mente se você acredita e tem indícios superficiais de que se usar azul, por exemplo, no trabalho ou no jogo, terá um dia maravilhoso e, se usar preto, será ruim; no dia seguinte, novamente, você veste azul e *voilà*, mais um dia ótimo. Na terceira vez com a roupa azul e, coincidentemente, num dia maravilhoso, automaticamente, o cérebro cria argumentos e defesas para justificar a cor. Como somos bons nisso!

Os problemas começam quando usamos outra cor e já pressupomos que teremos um dia péssimo. Nossa postura torna-se negativa, nosso astral muda. Será mais fácil simplesmente culpar uma mera cor do que reconhecer nossa postura, nosso humor, dentre tantos outros fatores que estão sob nosso controle. A questão é que não conseguimos reconhecer ou perceber, pois isso já ocorre em uma camada do subconsciente. É tão natural para a nossa mente, tão óbvio.

Para quem nunca teve uma cor, amuleto ou número da sorte, parece besteira ler coisas como esta. Mas saiba que é tão real em nossas mentes como as páginas do livro que você lê agora. Essas crenças nos definem!

Já perdi muito dinheiro jogando pôquer simplesmente porque entrei perdendo – perdendo para minha própria mente, antes mesmo de receber minhas cartas. Eu imaginava que a razão era porque não estava tocando a música da sorte, não era a posição da sorte ou a roupa da sorte. Quando parei de culpar esses fatores e passei a culpar ninguém menos que a mim mesmo, comecei a ganhar. Aplicar isso na empresa e desconfiar sempre, em primeiro lugar, da minha própria mente, olhando para dentro de minhas ações e pensamentos, foram os *insights* que tive e colaboraram diretamente para o crescimento dos meus negócios.

4. PREPARAÇÃO É TUDO

Por último e não menos importante, se você quer ganhar na Mega-Sena precisa, primeiro, comprar o bilhete. Assim como Sêneca descreveu que sorte é o encontro da preparação com a oportunidade, não adianta estar preparado se não estiver disposto a agarrar as oportunidades com unhas e dentes – da mesma forma que não adianta querer aproveitar as chances que surgirem de maneira despreparada. A magia do tal fenômeno da sorte ocorre, justamente, quando você está preparado para assumir tais oportunidades. No final, vão dizer que você deu sorte, que "caiu do céu", entre tantas outras blasfêmias que já ouvi de mim mesmo e de outros amigos bem-sucedidos. Chega a ser engraçado.

Recordo que, em 2006, eu cursava faculdade pela manhã e, após ter sido reprovado para trabalhar na Blockbuster, surgiu a oportunidade de emprego no Buscapé, mas a vaga era somente para quem estudava no período noturno. Por incentivo de amigos e reconhecendo uma ótima chance de entrar para uma companhia de destaque como era o Buscapé, na época, fiz a entrevista. Sentia-me extremamente preparado, mas com os pés no chão e pronto para o que acontecesse. Alguns dias depois, ligaram dizendo que eu havia sido aprovado no processo seletivo. Fiquei extremamente feliz com a oportunidade, porém era hora de expor a situação.

Naquele momento, confiei na minha preparação. Disse ao RH (para não dizer que menti) que tinha algumas dependências de matérias pela manhã, mas que meu curso era no período noturno e que eu precisaria apenas de mais alguns meses para concluir as disciplinas. Era o tempo necessário para realizar a prova que a faculdade exigia para fazer a transferência do período matutino para o noturno. Mas tinha um problema: a prova era incrivelmente mais concorrida que o próprio vestibular e eu precisava passar nela de qualquer jeito.

Comecei a trabalhar no Buscapé enquanto fazia faculdade pela manhã. Entrava em horários alternativos e corria de um lado para outro para pegar o ônibus a tempo de chegar o menos atrasado possível nos lugares e entregar tudo o que era necessário. Foi um período bem turbulento entre faculdade, trabalho e casa, tudo junto e misturado. E, claro, em qualquer tempo livre, muito estudo para passar na prova de transferência interna do Mackenzie.

Só lembro que anunciaram cinco vagas disponíveis para aquele semestre (não me lembro quantos aplicantes, mas, seguramente, eram mais de cem). Acabei ficando em sexto lugar. Fiquei devastado e extremamente preocupado, pois já estava trabalhando há alguns meses e aprendendo bem mais do que poderia imaginar. Alguns dias depois, recebi a informação de que um dos cinco tinha desistido e eu tinha entrado na seleção.

A sorte estava do meu lado? Seria obra do destino? Se um aluno não tivesse desistido, eu teria ficado de fora? Poderia ficar horas confabulando sobre os "poréns", mas prefiro focar na enorme preparação que tive para conseguir a sexta posição, com a capacidade de identificar e abraçar uma grande oportunidade de trabalhar e aprender mesmo quando todos os indicadores diziam para não fazer.

Preparação e oportunidade: foquem nisso, porque o resto é consequência. Obrigado, Sêneca!

CAPÍTULO 3

ESTUDO, PRÁTICA E OBSERVAÇÃO

ERRAR É HUMANO, PERSISTIR NO ERRO É TOLICE.

(Autor desconhecido)

O pôquer segue uma linha muito parecida com o universo das empresas quando falamos, por exemplo, de capacitação e aprendizagem. Há alguns anos, contratei o *coach* e professor da Fundação Getulio Vargas (FGV) Anderson Oliveira para capacitar os coordenadores e os gerentes das minhas empresas. Com uma genialidade única e um conhecimento incrível, ele não só virou um amigo pessoal, como um grande mentor para os problemas do futuro.

Uma de suas aulas para nossos líderes me chamou bastante a atenção por parecer, inicialmente, algo trivial, mas que se revelou extremamente complexo e denso (além de ter forte conexão com o pôquer). Trata-se do modelo 70-20-10, uma prática de aprendizagem corporativa e desenvolvimento de competências.

A metodologia foi desenvolvida a partir dos estudos dos professores Morgan McCall, Robert Eichinger e Michael Lombardo, do

Center for Creative Leadership, na Carolina do Norte, nos Estados Unidos, na década de 1990, e indica que o aprendizado ocorre de três maneiras distintas: 70% por meio da experiência prática do colaborador, sua rotina e responsabilidades; 20% através de interações com colegas de trabalho, mentores e *feedbacks*; e 10% por meio de cursos e estudos formais, participações em congressos, certificações, entre outros.

Essa abordagem representa uma mudança na maneira como as empresas estruturam o desenvolvimento de competências e talentos nos times, incentivando a aprendizagem contínua por meio de vários processos integrados.

Quando falamos de pôquer, nada é mais relevante e intenso do que jogar, expor-se a problemas matemáticos e a situações de **All-in** que fazem o coração disparar. Por isso, considero o ato de jogar como 70% do aprendizado, por mais que isso seja esperado e fundamental para o desenvolvimento de um jogador. Os 30% restantes, dividido em: 20% de experiências e trocas com outros jogadores (daí, a importância e o crescimento exponencial de times de pôquer para fomentar essas trocas e capacitações) e 10% de capacitação teórica.

ALL-IN: quando o jogador aposta todas as suas fichas.

Apesar de essas relações serem parecidas nesses dois campos, no mundo empresarial, o índice de 70% de experiência prática não é tão sedutor assim. Não é tão legal trabalhar arduamente e se expor a problemas dia após dia. Por isso, vemos que algumas pessoas fazem a inversão dessas taxas e acabam seguindo uma vida mais acadêmica, focada em estudos, potencializando, assim, os 10%. Já tive a oportunidade de entrevistar e contratar diversos profissionais com currículos excelentes, porém, quando chegava o momento de falarem sobre suas experiências e fazerem os testes práticos, simulando a rotina da empresa, eles deixavam muito a desejar.

Ainda que tenhamos ajustes finos do percentual aplicado em teoria para cada profissão, acredito que o modelo 70-20-10 possa ser seguido, independentemente do que você escolher fazer para a vida profissional.

Uma pesquisa realizada pelo *The Wall Street Journal* apontou um fato curioso que podemos encaixar perfeitamente na aplicação do 70-20-10. De acordo com os dados, 52% dos profissionais não ocupavam cargos relacionados à sua formação acadêmica depois de um ano da graduação. O mesmo acontecia com 45% dos trabalhadores que tinham terminado a faculdade há cinco ou 10 anos.

Segundo o estudo, o curso que a pessoa decide fazer é o fator principal para determinar as chances de seguir uma carreira de nível universitário ou não. Cinco anos depois de receberem a graduação, 75% daqueles que se formaram nas áreas de saúde, engenharia ou finanças estavam trabalhando em empregos que exigiam diplomas. Por outro lado, esse número cai para 40% quando falamos de segurança pública, ciências humanas e áreas ligadas a gestão, marketing e RH. Esses dados mostram uma diferença significativa e são extremamente importantes para nossa análise.

Com um número cada vez menor de profissionais adeptos ao diploma universitário, teremos uma potencialização dos 70% de experiência prática definidos pela metodologia de Morgan McCall.

Por exemplo, em minhas empresas, que são basicamente operações de marketing e performance digital, o curso ou diploma do candidato é um detalhe em meio a outras características que avaliamos. Damos mais preferência às competências e às histórias que o candidato apresenta do que ao MBA que ele fez. Fazer o MBA é bom, mas melhor ainda é aplicar o que você aprendeu.

O pôquer faz com que seja fácil jogar e se expor ao jogo. Já a vida do trabalhador é monótona e, na maioria das vezes, pouco reconhecida. O estudo parece acelerar um pouco esse movimento, mas não se engane: a teoria do 70-20-10 é tão real para o pôquer quanto para a empresa onde você trabalha. Talvez haja alguns desvios de percentuais para determinados cargos ou segmentos de mercado, mas a experiência sempre será exigida e extremamente valorizada. É preciso saber que se expor e perder fazem parte do processo e do aprendizado.

Essa visão me fez aceitar algumas duras derrotas que tive no pôquer. Não me orgulho, mas perdi a conta de quantas vezes joguei despreparado, sem estar focado, com o tempo contado ou, ainda, diante de situações em que minhas chances de ganhar eram mínimas. Ainda assim, insisti e perdi.

E perdi muito! Como diz meu sócio e amigo José Parelho, essas perdas podem ser comparadas a um boleto da faculdade – é o que se paga para aprender. Mas só podemos errar jogando. Só podemos falhar na empresa testando. Portanto, seja menos duro com os erros dos outros e, obviamente, com suas próprias falhas.

Errar é humano, persistir no erro é tolice. Saiba, genuinamente, valorizar e, de certa forma, incentivar os erros, mas fique atento para que eles não se repitam. Assim como no pôquer, alguns equívocos custam caro, um dinheiro que não volta mais.

POTENCIALIZANDO OS 70%

Por volta de 2013, eu já havia saído do Buscapé e estava empreendendo, focando todas as minhas energias na agência, que não ia tão bem. Era um começo difícil para um jovem empreendedor introspectivo que tinha dedicado os finais de semana dos últimos anos para jogar e estudar pôquer ao invés de socializar e criar *networking*.

Certo dia, estava conversando com um colega de meus pais que disse, de maneira extremamente despretensiosa, que havia lido um livro muito bom sobre internet e marketing e tinha se lembrado de mim. Perguntou se eu queria emprestado. Sem graça de negar, aceitei.

O livro era *Delivering happiness*, traduzido para o português como *Satisfação garantida*, escrito por Tony Hsieh, CEO e fundador da Zappos. É uma obra-prima para qualquer jovem empreendedor.

Com uma linguagem leve, Tony "conversou" comigo como se estivéssemos numa sala de reunião, contando seus casos e como fundou a maior empresa de calçados dos EUA com propósito, dedicação e felicidade.

O impacto deste livro foi tamanho naquele momento da minha vida pessoal e profissional que entendi que, para a agência dar certo, eu precisava potencializar meus 70%, ou seja, minha vivência com as dores do negócio. Precisava conhecer a fundo meu Ideal Customer Profile (ICP), suas necessidades, problemas e expectativas. Tudo pareceu se encaixar: para dar resultados para meus clientes, eu precisava estar na pele deles e provar que sabia o que estava fazendo.

Foi assim que, alguns meses depois de ler o livro e com a ajuda de familiares que endossaram minha loucura, abri a Jogos e Baralhos, um *e-commerce* focado em vendas de baralhos e brinquedos. Confesso que foi uma loucura extremamente prazerosa e complexa de se operacionalizar. Sem grandes recursos e novamente com capital próprio, eu não tinha espaço para erros ou contratações agressivas de time. Acordava mais cedo para fechar pacote junto com a equipe de expedição, ficava até mais tarde para imprimir nota fiscal e, entre uma reunião e outra da agência, emitia pedidos de compras para fabricantes e parceiros.

Pouco mais de um ano depois, estava importando baralhos da marca Bicycle e com uma parceria forte com a Copag. Assim, a loja tornou-se uma das maiores operações de venda de baralhos no âmbito digital (na época, havia pouquíssimos *e-commerces* de nicho no Brasil).

Passei por todas as dores de uma operação de *e-commerce*, desde conexões com ERP, emissão de nota fiscal, sofrimento logístico para destinos longínquos no Brasil, análise financeira de *markup* e tudo o que envolvia o marketing, como estratégias e performance de campanha, Search Engine Optimization (SEO), CRM etc.

Com a mesma velocidade que abri a Jogos e Baralhos, um dia acordei e entendi que eu e a agência tínhamos o *know-how* necessário que tanto buscamos. Já não precisava mais testar ou aprender, sabia as respostas para quase todas as dores de negócio. A agência crescia a passos largos nessa época e eu precisava estar focado lá dentro. Foi quando decidi vender a operação da Jogos e Baralhos e me dedicar 100% à agência, muito mais pronto e consciente.

POTENCIALIZANDO OS 20%

A troca de *feedbacks* com os colaboradores sempre me moveu a entender mais e melhor os problemas dentro da operação. Ouvir o time e trocar informações, às vezes até sigilosas, foi a chave para conseguir colocar todos dentro de um mesmo propósito e momento de negócio.

Por volta de 2020, tive um momento de inspiração com Gary Vaynerchuk, também conhecido como GaryVee, empreendedor em série e um dos especialistas de marketing digital mais influentes hoje em dia, fundador da VaynerMedia, agência que atende clientes como Burger King, Pepsico e TikTok. Gary é bastante ativo em suas redes sociais e, em uma época em que precisava me destacar e perder um pouco de minha insegurança e timidez, ver seus vídeos era um remédio perfeito. Em um desses vídeos, ele chama os colaboradores para uma sala, pergunta seus nomes e eles, simplesmente, conversam sobre a empresa, expectativas, amenidades e curiosidades. Nitidamente, era um momento especial para o colaborador e uma oportunidade única de Gary conhecer seu próprio time e seu negócio.

Naquela época, a agência tinha quase 100 colaboradores e esse vídeo me marcou muito. Digeri a mensagem dele por alguns dias, pensei e, no final, entendi que não conhecia muito meu próprio time. Não sabia o que as pessoas pensavam ou se estavam de acordo com o que estávamos oferecendo. Sabia apenas o que a pesquisa de clima me dizia. Eu precisava ouvi-los e entender seus sonhos, suas motivações e histórias. Esse vídeo singelo despertou a clareza de estar perdendo uma chance única de potencializar os 20% da troca com quem mais conhece minha empresa: meu time.

Foi assim que criei o *Papo com o CEO*, em que todo colaborador, após completar três meses de casa, passa por uma oficialização do fim do período de experiência com uma reunião de 30 minutos comigo. Essa foi uma maneira de dar voz à equipe e conseguir ver o que nenhum KPI conseguiu me mostrar. Pude entender, na fonte, a cultura da empresa disseminada, ler angústias, problemas, desafios e oportunidades e contribuir também para esse momento tão importante da vida do nosso time. Obrigado, Gary!

Já faço esse ritual há quatro anos e pretendo mantê-lo por muito mais tempo, afinal, é uma oportunidade única de ouvir quem tem tanto a dizer. Como diz o provérbio chinês: "Temos dois olhos, dois ouvidos e uma boca para vermos e ouvirmos duas vezes mais do que falamos". Sábio provérbio.

CAPÍTULO 4

♣♦♥♠

SUNDAY MILLION

NO MUNDO, NÃO HÁ CERTEZAS, O QUE HÁ SÃO FORTES PROBABILIDADES.

(Thaianne Venâncio)

Trinta e duas seleções reunidas na África do Sul, 145 gols em 64 partidas. Espanha campeã em cima da Holanda, com um gol na prorrogação. Poucas coisas são tão vibrantes e emocionantes como uma boa Copa do Mundo. A união do povo, a vibração do gol e a decepção da derrota. Em 2010, a Copa me marcou também por outro motivo.

O dia era 13 de junho e lembro-me bem desse detalhe, porque estava jogando no PokerStars, uma das maiores plataformas de pôquer *on-line*, e era possível trocar a foto do avatar pela bandeira do seu país. Lá estava eu, num domingo de muito jogo, representando a bandeira verde-amarela. Naquela época, não havia tantos jogadores brasileiros como temos hoje, então qualquer sinal do Brasil chamava muita atenção.

Estava com 25 anos, já formado, trabalhando no Buscapé e empreendendo em paralelo. No pouco tempo livre, o foco estava nos estudos do pôquer e muito jogo em algumas telas simultâneas. Nada melhor do que os domingos para prover tal experiência, pois são os dias com os maiores prêmios e **fields**. Na época, eu conseguia jogar com qualidade em até 12 telas simultâneas. Por domingo, jogava uma média de 30 a 40 torneios,investindo por volta de US$ 2 mil dólares em **buy in**.

FIELD: quantidade de jogadores em um determinado torneio.

BUY IN: taxa para se inscrever em um torneio.

Um dos torneios mais icônicos de quem joga pôquer há bastante tempo é o Sunday Million, que ocorre no PokerStars. Naquela época, custava US$ 215, aproximadamente R$ 1.100 pela conversão atual. Comecei a jogar junto com outros 7.309 jogadores do mundo que pagaram esse mesmo valor de *buy in*.

Já tinha certa experiência em jogar o Sunday Million, sabia explorar os jogadores e, com base na estrutura do torneio, a hora de ser mais passivo ou mais agressivo. A essa altura, em 2010, eu já vinha há cerca de dois ou três anos jogando praticamente todos os domingos, alguns sábados e mais duas ou três vezes na semana, à noite, me dividindo entre o trabalho CLT e outros negócios.

Parecia mais um domingo regular e eu seguia vivo no Sunday Million. O tempo foi passando e, 10 horas depois de iniciado o torneio, já adentrando a madrugada, eu continuava à frente do meu computador, jogando o melhor pôquer que conhecia, me segurando entre o nervosismo e a possibilidade de entrar para a história. Na época, se não me falha a memória, apenas um jogador brasileiro havia conquistado o título do Sunday Million e eu estava prestes a mudar minha vida.

Como você já teve ter deduzido, o torneio se chama Sunday Million pois tem um prêmio mínimo de US$ 1 milhão distribuídos entre os jogadores, e aquela edição já havia arrecadado um total de US$1.461.800. Geralmente, um torneio de pôquer paga de 12% a 15% do field; nesse torneio, por exemplo, dos 7.309 que começaram a jogar, 1.080 sairiam com algum prêmio. E quanto mais perto da primeira posição, maior é a fatia desse bolo de mais de 1 milhão de dólares.

Treze horas depois, éramos 18 jogadores restantes. Alguns amigos mais próximos que estavam acompanhando o torneio começaram a enviar mensagens de incentivo (obrigado por ter acompanhado aquela noite, Duda), e eu me segurando para manter os pés no chão. Como disse Bilbo Bolseiro a Frodo no começo de *O Senhor dos Anéis: a Sociedade do Anel*, minutos antes de sua festa de aniversário: "Hoje será uma noite para ser lembrada". Sábio Bilbo.

Já era madrugada do dia 14, por volta de 2 da manhã, e me lembro de ser anunciada a mesa final do Sunday Million: 9 jogadores dos cerca de 7 mil que começaram o dia. Eu estava ali, prestes a ganhar mais dinheiro do que conseguiria imaginar.

Essa é a hora em que um jogador recreativo como eu geralmente abre o **lobby** do torneio, começa a ver os prêmios e tenta não criar expectativas. Só tenta, porque, sinceramente, é quase impossível. É uma arte que mais tarde eu aprenderia a dominar. É como dizer para uma pessoa que jogou na Mega-Sena que ela acertou cinco números e esperar uma semana para contar se ela acertou ou não a sexta dezena. Ela passará sete dias sonhando, todos os segundos, com o que fazer com o dinheiro do prêmio (que ela ainda não ganhou, e dificilmente ganhará: a chance de acertar cinco números é de uma para 154.518 e de seis números é de 50.063.860, como vimos no capítulo *Sorte*). A diferença é enorme, mas, na cabeça de um jogador amador, isso é apenas um detalhe.

LOBBY: onde constam as informações gerais sobre o torneio, como quantidade de jogadores, prêmios etc.

Eu estava lá entre os nove jogadores restantes. Fui ver e sonhar com valores. Para efeito de comparação, vamos considerar o dólar da época, a R$ 2, e o dólar atual, R$ 5.

O terceiro lugar ganhava US$ 120 mil (na época, cerca de R$ 240 mil; hoje, R$ 600 mil).

O segundo lugar levava o prêmio de US$ 165 mil (na época, em torno de R$ 330 mil; hoje, cerca de R$ 825 mil).

O primeiro e tão sonhado lugar ganhava US$ 225 mil (na época, R$ 450 mil; hoje, algo em torno de R$ 1,1 milhão).

Naquela época, crescia a ideia de me tornar jogador profissional enquanto estava numa transição de carreira do Buscapé para focar somente em minhas empresas e projetos. Comecei a entender que, talvez, o resultado daquele dia ditaria todo o meu futuro, até então totalmente desconhecido.

Como convencer ou falar para um jovem que acabou de ganhar R$1 milhão jogando pôquer que ele não deveria seguir a carreira profissional? Como explicar que ele não deve se deixar abalar ou sonhar com o prêmio? Como explicar que o mundo dos negócios e do pôquer é feito de algo mágico e extraordinário chamado probabilidade?

Naquele dia, eu tive a maior aula sobre probabilidade, superação e alinhamento de expectativas da minha vida. Mais tarde, tudo isso seria fundamental para minhas empresas, mas eu ainda estava sonhando com as cifras e me deixando levar pelo que chamamos de **Big Hit**.

BIG HIT: quando um jogador ganha uma quantia muito alta.

A mesa final começou. Eu era o sexto em fichas entre os nove jogadores. Alguns minutos depois, recebo Q de espadas e Q de ouros. O jogador da posição inicial aumentou. Eu reaumento; todos outros jogadores fogem e o jogador inicial pensa por muito tempo e me coloca em All-in. Eram todas as minhas fichas!

Meu adversário tinha uma quantidade de fichas superior à minha e, caso errasse a ação e perdesse, eu seria eliminado. Todos os meus sonhos iriam por água abaixo. Eram, aproximadamente, 2h30 da madrugada, todos em casa já estavam dormindo e o silêncio era predominante – quando não, quebrado por algum barulho de carro que passava na rua. Meus olhos estavam atentos à tela, enquanto minha mente tentava fazer contas e tomar a decisão que me perseguiria pelo resto da vida.

Estávamos jogando há cerca de 14 horas. Eu sabia a matemática por trás, havia estudado situações como aquela e sabia que o correto a fazer era pagar. Então, fechei os olhos e apertei o botão de **call**.

CALL: pagar a aposta.

Naquele momento, eu jamais conseguiria imaginar o impacto e a profundidade de um clique no mouse, um clique de pouco mais de R$ 1 milhão, um clique que poderia definir minha profissão, minha vida.

Em um dos discursos mais icônicos de Steve Jobs, na formatura da turma de 2005 da Universidade Stanford, ele disse: "Você só consegue conectar os pontos de sua vida olhando para trás. Nunca para a frente". Essa frase tornou-se uma inspiração de vida para mim, e hoje eu consigo olhar para trás e conectar todos os pontos da minha decisão e do impacto que ele teve naquele momento.

Aponte a câmera do celular para o QRCode e assista ao vídeo de discurso de Steve Jobs.

Meu oponente abriu J de ouros e J de paus. Nessa hora, meu coração veio à boca. Meu call era ótimo. Minha vida estava prestes a mudar drasticamente. Eu estava pronto para isso. Trabalhei e estudei anos para aquele momento. Tinha 81,75% de probabilidade de ganhar, contra 17,81% de meu adversário.

O Flop vem 6 de paus, 6 de copas e 4 de paus. Minhas chances aumentam: 87,98% contra 12,02%. Nesse Flop, passou um filme da minha vida inteira diante dos meus olhos. Esse momento só seria superado pelo dia do nascimento prematuro da minha filha Liv, anos mais tarde.

O Turn é um A de paus, dando para meu oponente um possível **Flush draw**, aumentando as chances dele para 22,73%, e eu seguindo como extremo favorito, com 77,27%.

FLUSH DRAW: quando um jogador tem quatro cartas do mesmo naipe e espera receber uma quinta para fazer um Flush.

Naquele momento, eu poderia perder para qualquer carta de paus ou qualquer valete. Restavam apenas mais dois valetes no baralho e mais nove cartas de paus. Onze cartas podem me derrotar e 33 cartas me dão a vitória. Essa mão me deixaria com uma quantidade de fichas suficiente para estar entre os três maiores em fichas dos torneios e brigar diretamente pelo prêmio máximo.

Mas, quando um 2 de paus bateu no River, meus 77,27% de chances viraram 0%, dando a vitória para meu oponente e me eliminando na nona posição.

Final do Sunday Million

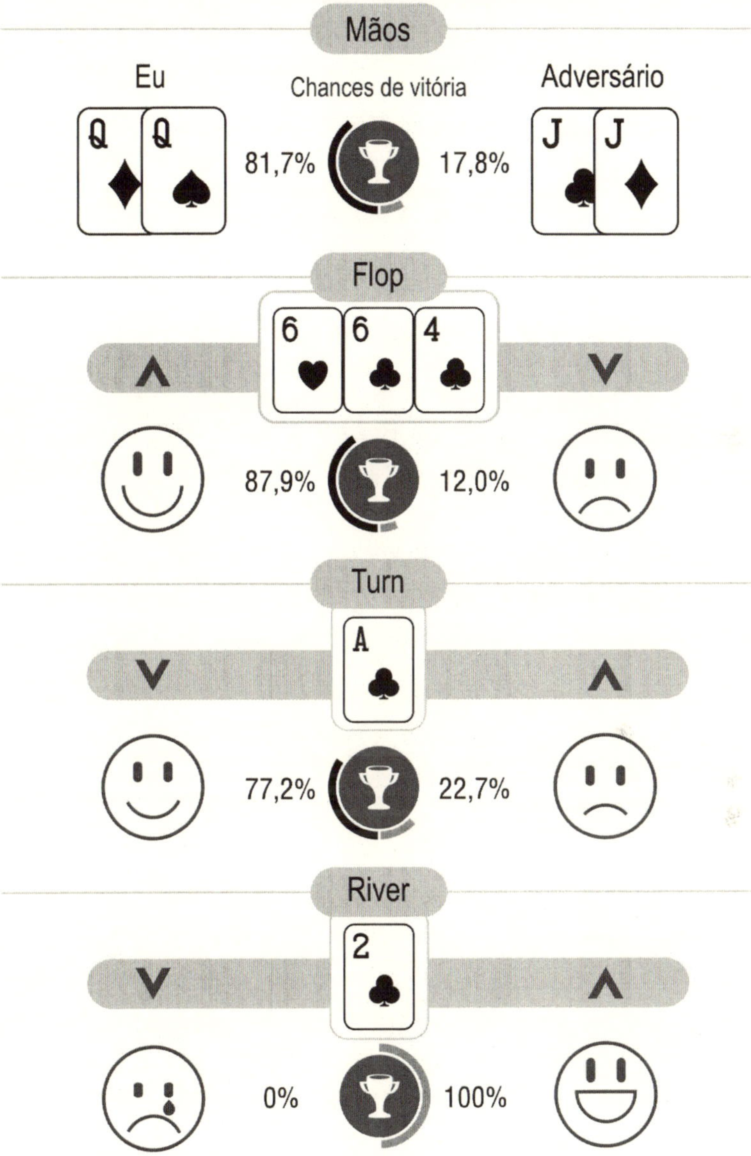

Nada que eu escreva neste livro vai explicar o que aconteceu naquela noite em meu quarto, enquanto meus pais dormiam. Após o All-in anunciado e as ações tomadas, as cinco cartas levam menos de 10 segundos para aparecer na tela. Dez segundos para eu sair de um promissor jogador profissional e talvez futuro milionário para um nono lugar, exausto e frustrado.

O que ganhei naquele dia com minha nona colocação foram US$ 11 mil ou, para ser mais preciso, US$ 11.625, cerca de R$ 22 mil, em 2010, e R$ 58 mil nos dias de hoje.

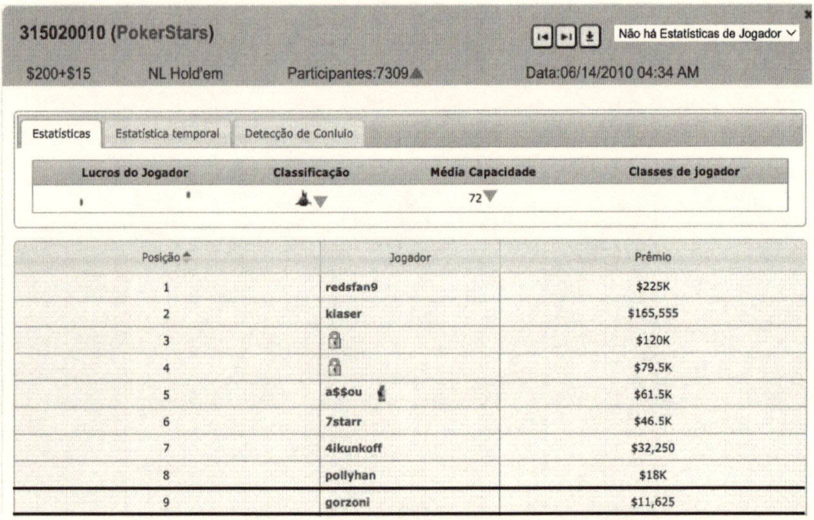

Posição	Jogador	Prêmio
1	redsfan9	$225K
2	kiaser	$165,555
3		$120K
4		$79.5K
5	a$$ou	$61.5K
6	7starr	$46.5K
7	4ikunkoff	$32,250
8	pollyhan	$18K
9	gorzoni	$11,625

Fonte: Sharkscope – Torneio Sunday Million, 14 jun. 2010.

Meus planos, na época, envolviam sair do Buscapé para focar somente em meus negócios e no pôquer. Então, ter ganhado esse dinheiro não só não resolveu meus problemas como me fez conhecer o mais profundo sentimento de frustração. E eu ainda precisava dormir, pois já eram quase 3h da madrugada de segunda-feira e eu tinha de trabalhar pela manhã. Chegar atrasado ou faltar não eram opções para mim. Nunca deixei o pôquer atrapalhar minha carreira, e vice-versa.

Mas é claro que não consegui dormir. Nem naquele dia, nem nos próximos. Revirei as probabilidades incontáveis vezes, pensei no que poderia ter feito diferente, tentei encontrar falhas e me autossabotar. Me culpei, chorei, me desesperei e, no final, fiz o que deveria ser feito: aceitei. Aceitei que a matemática é perfeita, e não justa.

APRENDIZADOS

Esse dia marcante para mim me ensinou muito, e não tenho dúvidas de que canalizar esses ensinamentos fez minhas empresas serem melhores e mais bem-sucedidas. Trago, aqui, alguns desses aprendizados, para compartilhar os valores que levo comigo até hoje.

NÃO FUJA DOS NÚMEROS

Começando com uma provocação: quantas vezes você conta com 100%, sabendo que é 80%? Sonha com resultados que não existem? Falamos, no capítulo *Sorte*, sobre essa sensação e como é mais cômodo se apegar aos 100% como verdade absoluta. O pôquer me ensinou sobre dosar expectativas e ser realista com a vida e com os negócios. Isso me fez analisar friamente os Key Performance Indicators (KPIs)[8], aprender a respeitá-los e saber seus impactos. Não fuja da realidade dos números; encare-os e entenda-os. No final, é melhor estar preparado para o pior do que se iludir e se frustrar com um sonho.

Falando de maneira mais prática, na agência, por exemplo, sempre fizemos o melhor serviço possível, mas, durante muitos anos, não avaliávamos o Net Promoter Score (NPS), métrica para mensurar a satisfação do cliente final que é essencial para melhorar a experiência e ajudar no desenvolvimento dos negócios e, logo, nas vendas.

Basicamente, eu me convencia de que o cliente sempre busca e espera resultados de um prestador de serviços de performance, como é o caso da nossa agência. Assim, ele nunca daria uma nota alta no

8. KPI's são **Indicadores-Chave de Performance** é uma ferramenta que tem a função de medir o desempenho de uma empresa, um site, uma equipe e até de uma pessoa.

NPS, uma vez que os resultados sempre podem ser melhores. Avaliar isso seria frustrante para todos os lados e não faria sentido. Também imaginava motivos como: fazer o cliente nos avaliar é fazê-lo pensar sobre nosso serviço e reavaliar a parceria, o que vai aumentar o *churn*.

No fundo, eu sabia que estava apenas fugindo do KPI. Me frustrava com o *churn*, mas me recusava a prevê-lo através do NPS. Olhando para trás, parece absurdo, certo? Mas tem uma grande chance de você também fazer isso consigo mesmo, em seus *to do's* diários, processos e entregas. Você só não consegue ver ou não reconhece.

Mas mudamos isso, graças ao meu sócio Rodrigo Friano, que forçou muito o processo de NPS e me fez enxergar além do KPI. Hoje em dia, a empresa inteira é medida, avaliada e acompanhada através desse indicador. Aceitei que o NPS nunca será 100%, mas saber o percentual real me faz ter muito mais controle da empresa e das minhas entregas como profissional e líder.

De quais KPIs você foge ou tem medo de saber o resultado? Comece se perguntando isso. Se a resposta for "nenhum", talvez valha a pena pensar um pouco mais, porque, possivelmente, você está fugindo deles ou se autossabotando.

ANTECIPE PROBLEMAS E SOLUÇÕES

Naquela mão, meu oponente tinha aproximadamente 20% de probabilidade de ganhar. Mas quando seu concorrente ganha, você está preparado?

Esta é uma probabilidade extremamente alta de o jogo virar. No caso da minha mão, foram apenas 10 segundos que mudaram meu destino. Mas quantas vezes, na empresa, um processo similar a este ocorre e se estende por meses?

Você tem tempo de se preparar e antecipar problemas, mas só consegue isso se, primeiramente, reconhecer e aceitar possíveis perdas e erros. Não faz sentido criar plano de ação se você acha que tem 90%, 95%, 100% de chances de ganhar. Olhar para a realidade com a seriedade que ela exige é o passo que todo profissional deveria dar.

Em 2023, o governo anunciou que acabaria com a desoneração da folha de pagamento, um incentivo fiscal criado em 2011 que reduz a carga tributária da folha salarial e que se mantém, até hoje, ajudando diversas empresas do Brasil a crescer e prosperar.

Os dias deste benefício estavam contados e, possivelmente, teríamos que desligar alguns colaboradores. Então, nos preparamos para o pior. Fizemos diversas reuniões e debates para entender o impacto financeiro com a área de controladoria e projetamos uma possível solução para a redução de folha. Testei a paciência do meu sócio e Chief Financial Officer (CFO) José Parelho diversas vezes, mas, no final, o Senado aprovou a extensão do benefício por mais alguns anos e não precisamos ativar esse plano. Moral da história: não é sobre quais planos você ativa, mas sobre quantas vezes você encontra um problema sem planejamento algum, de maneira totalmente despreparada.

SOFRA RÁPIDO E SE LEVANTE

Como você lida com frustrações e perdas? Você se lamenta ou aceita e consegue virar o jogo?

Depois dessa derrota no pôquer, demorei para assimilar como minha vida estava. Ficava repassando a jogada para entender o que poderia ter feito diferente. A verdade é que a resposta não estava em nada externo, e sim interno; estava dentro de mim – e extrair ensinamentos e lições daquele dia era o melhor a se fazer.

Lembro quando recebi uma ligação, em 2018, de um dos maiores clientes da agência anunciando o fim do contrato. Faltavam apenas alguns dias para inaugurarmos nosso novo escritório e um cancelamento daquele porte tinha potencial extremamente destrutivo para a operação.

Fui até o novo escritório, não tinha ninguém lá dentro, somente o cheiro de tinta recém-pintada. Deitei no chão e fiquei por volta de 20 minutos olhando para o teto, pensando em como pagaríamos as contas e cresceríamos diante um cancelamento tão expressivo no pior momento possível.

O pôquer me ensinou a sofrer, mas a sofrer rápido, porque logo já vem outra mão ou outro torneio e a vida não para. Aprendi que não importa o resultado, mas sim o que você faz depois dele.

Depois do cancelamento desse cliente, encontramos estratégias e ações para seguir crescendo, fechando o ano com a incrível marca de 20,01% de crescimento ano sobre ano. Tem hora para sofrer e chorar e tem hora de plano de ação e trabalho duro. Não misture os dois, porque eles vão te atrapalhar e, no final, você não fará nenhum muito bem.

CAPÍTULO 5

EV APLICADO AOS NEGÓCIOS

O TERMÔMETRO DO SUCESSO É APENAS A INVEJA DOS DESCONTENTES.

(Salvador Dalí)

No pôquer, há um conceito estratégico importante: o *Expected Value* (EV) ou Valor Esperado, em português. Este é um cálculo para avaliar o lucro potencial de uma jogada. Basicamente, uma média ponderada dos ganhos ou perdas que se podem esperar ao longo do tempo ao tomar uma determinada ação em uma situação de jogo específica.

Imagine o seguinte cenário: você está numa jogada importante e precisa decidir entre apostar, desistir ou pagar uma aposta. O EV ajuda a calcular qual seria a opção mais lucrativa, considerando as probabilidades de diferentes resultados. Assim, o EV pode ser positivo, quando a decisão gera lucro ao longo do tempo, ou negativo, quando acaba em perdas.

Mas como calculá-lo? A fórmula em si é relativamente simples; já sua aplicação nos negócios ou, ainda, em um torneio de pôquer mão a mão é mais complexa. Calcular o EV em todas as jogadas e decisões é algo que apenas alguns profissionais do mundo conseguem com maestria.

COMO CALCULAR O EV

EV = (ganho possível) * (probabilidade de vencer) - (perda possível) * (probabilidade de perder)

Para ficar fácil o entendimento, vamos pensar em um exemplo: um colega te convida para jogar cara ou coroa. Toda vez que você ganhar, ele te paga R$ 60, e toda vez que ele ganhar, você deverá pagar R$ 40. Parece um ótimo negócio, não é mesmo? A verdade é que nosso cérebro associa, automaticamente, que cara ou coroa é um percentual de 50% e qualquer valor que nos favoreça é lucrativo.

A conta do EV para o nosso exemplo ficaria assim:

EV = R$ 60 * 0,5 - R$ 40 * 0,5

EV = 30 - 20

EV = R$ 10

Portanto, a cada jogada da moeda, você irá ganhar R$ 10 no longo prazo. Repare que é no longo prazo, e isso faz absolutamente toda a diferença:

- Possibilidade de jogar uma moeda e você perder: 50%;
- Possibilidade de jogar a moeda novamente e você perder duas vezes seguidas: 25%;
- Possibilidade de jogar a moeda novamente e você perder três vezes seguidas: 12,5%;

- Possibilidade de jogar a moeda novamente e você perder quatro vezes seguidas: 6,25%.

Ainda que 6,25% representem uma chance relativamente grande, neste exemplo, você já estaria perdendo R$ 160. Ou seja, teria um prejuízo considerável a pagar, mesmo diante de uma proposta ridiculamente favorável a você.

Podemos continuar nossa simulação até perder 10 vezes seguidas, que seria 1 para a cada 1.024, ou seja, 0,10%. A grande questão, aqui, é entender como isso pode ser aplicado em sua vida profissional e em projetos pessoais.

Entender o EV como base de vida é ler e reconhecer números e resultados de outra maneira. No pôquer, temos ferramentas avançadas que calculam o EV de cada mão, mas, no mundo dos negócios, não temos um *software* para nos direcionar. No entanto, podemos contar com boas técnicas e estudos para isso.

Não é tanto sobre o resultado, mas o que você espera dele, entende? Não é sobre termos perdido R$ 40 no primeiro flip da moeda, mas sim o que você esperava com aquele primeiro flip.

A partir disso, proponho uma nova maneira de pensar, a olhar números e KPIs sobre um outro viés, a refletir sobre lucros e prejuízos de curto prazo, repensando decisões estratégicas, como a compra de um apartamento ou a venda de um carro, o desligamento de um colaborador ou uma nova contração. Leia o número, cruze com sua expectativa e seu EV. Com certeza, sua decisão será mais precisa.

Lembre-se: da mesma maneira que poderíamos perder 10 vezes seguidas, poderíamos ganhar 10 vezes seguidas, e isso muda totalmente nosso racional sobre investimentos e segurança de investir. No entanto, de fato, nada mudou. As probabilidades e condições ainda são as mesmas, mas tudo muda dentro de você, ainda que nada devesse mudar.

Já cansei de passar por esse sentimento jogando pôquer, roleta em cassinos ou apenas trabalhando na empresa em dias em que tudo parece dar certo.

Pegando o exemplo do cara e coroa, é quando nos colocamos em uma situação muito confortável a ponto de fazer uma aposta maior ou correr um risco maior com base em um sentimento de confiança, sendo que o EV é igual. Ou seja, é quando somos tomados por excesso de confiança e uma ligeira soberba e negligenciamos riscos e EVs. Com isso, seguimos com investimentos, projetos, apostas ou ações em nossa vida que, claramente, são negativas a médio e longo prazo.

Cassinos *on-line* e casas de apostas esportivas utilizam estratégias como "X primeiros giros gratuitos" ou "bônus de novo cliente". Basicamente, o que acontece é esse efeito de pegar um EV negativo para o jogador e criar a falsa impressão de EV positivo, com base nos primeiros resultados obtidos. Por isso, é tão importante conhecer o sistema e suas expectativas.

EV NOS NEGÓCIOS

Em minhas empresas, tive dois aprendizados importantes atrelados diretamente à EV.

O primeiro diz respeito à margem de contrato. Seu contrato ou produto realmente tem EV ou você está olhando apenas para o volume? É super comum negligenciar margem e criar meios de autossabotagem para justificar a falta de análise ou a aplicação de um EV. No pôquer, quanto mais você joga mãos de EV negativo, mais você perde. Não crie subterfúgios para justificar decisões ruins. EV negativo é EV negativo. Fim.

Pode ser um contrato grande, uma marca linda para aplicar no seu *site*, um produto com alto estoque: tudo isto são informações estratégicas que podem fazer sentido no macro e, muitas vezes, até justificar e embasar a aplicação do EV negativo, mas nada disso transforma seu EV em positivo. Tenha consciência a respeito disso e use a seu favor, mas não se deixe levar achando que, no longo prazo, o valor esperado mudará. Não vai. Ele vai matar seu negócio se você não tiver clareza e estratégia em suas decisões.

O segundo ponto é que, durante anos na empresa, cogitamos acabar com alguns produtos que não performavam. Quando analisamos a Demonstração do Resultado do Exercício (DRE) desses produtos, eles geravam prejuízo, mas ainda os mantivemos por um tempo. Por que continuar com algo que, matematicamente, provou-se com EV negativo na projeção de longo prazo? A resposta é: embora uma área tenha EV negativo, ela pode ser responsável por outros benefícios, como entregar uma solução mais completa para o cliente, melhorar o fluxo de caixa ou aumentar *market share*, por exemplo.

Em nosso caso, mantivemos por diluição de custos fixos e aumento de capilaridade de ofertas de produtos aos clientes. Ou seja, o valor e o benefício que essas áreas geravam para os outros produtos de EV positivo, potencializando-os, eram maiores do que o EV negativo mensal.

No investimento em áreas, produtos ou times, conhecer o EV significa saber a probabilidade de dar certo. É ter uma visão do resultado de longo prazo – seja negativo, seja positivo. Essa é a chave no estudo de EV, no pôquer e nos negócios. Se você entende que, por um certo período, poderá fracassar, mas no longo prazo o EV será positivo, é aí onde mora a leveza necessária para tocar os negócios e as decisões.

NA PRÁTICA

Gostaria de compartilhar com você algumas ações que me ajudaram muito a construir uma visão de empresa com EV positivo. Vamos lá:

TOMADA DE DECISÃO

Dificilmente, uma decisão precipitada ajudará na solução definitiva de um problema. Ao contrário do pôquer, onde temos *softwares* que nos dizem o EV de cada mão com base em cada jogada, no mundo dos negócios, essa análise geralmente leva tempo. Por isso, evite tomar decisões precipitadas.

Pessoalmente, quando tenho que tomar decisões importantes, geralmente acabo levando bem mais de um dia. É meu processo de digestão e avaliação da ideia. A todo momento, estou pensando nela e justamente o fato de continuar pensando já é um indicativo severo de que quero seguir com ela. Não perca tempo pensando em coisas que não vão para a frente; seu tempo é valioso demais para isso.

Por fim, esteja confortável com as suas escolhas. Ao mesmo tempo, tome uma decisão e não tenha medo de seguir seu coração e sua intuição. O fato de você levar um tempo para decidir é justamente o gatilho para agir. Não tenha medo de ir. Tenha medo do arrependimento de nunca ter agido.

Uma frase que meu irmão Marcelo sempre diz é: "Nove grávidas não fazem um bebê em um mês". Por mais clichê que seja, é extremamente verdade. Portanto, tenha paciência e não tente acelerar as coisas. Possivelmente, as respostas que você busca estão depois de algumas noites de sono bem dormidas ou de análises profundas de dados e indicadores.

Um fato importante, aqui, é não usar esse tempo de muleta, ou seja, não confundir tempo de amadurecimento da ideia com falta de pulso para tomar uma decisão difícil. Cuidado com uma possível autossabotagem nesse sentido.

ESTEJA CONFORTÁVEL COM SUA DECISÃO

Durante anos, vi-me arrependido por ter tomado determinadas decisões no pôquer. Verdade seja dita: não tem um jogador de pôquer neste mundo que não pense: "Mas se eu tivesse dado call naquela mão?"; "Se tivesse batido meu A?"; "Se não tivesse fugido?".

Assim como no jogo, no mundo dos negócios, não existe espaço para segundas chances. Uma vez tomada a decisão, o resto é consequência. Por isso, avalie bem o EV e pense nele. Mas, uma vez decidido, não fique com remorso, porque isso só vai te fazer se sentir mal por algo que não consegue mais mudar. Bora para a próxima mão ou para o próximo negócio! Sempre tem um novo cliente esperando para ser atendido melhor dessa vez.

NÃO ESPERE DAR TUDO ERRADO

Como diz Warren Buffett: "No mundo dos negócios, o espelho retrovisor é sempre mais claro que o para-brisa". Ou seja, o que ficou para trás, você sabe com clareza – seus aprendizados, erros e acertos. Já o que vem pela frente, por mais projeções e análises que você trabalhe, sempre será um *forecast*[9], uma previsão.

É melhor lidar com o problema do sucesso do que com a dificuldade financeira da falha. Em minhas empresas, nunca tive um fundo de investimento por trás ou escritórios de *private equity*[10] batendo na porta. Tudo foi construído com base em riscos, estudos e competência.

Um dos fatores que mais me moldou nesses anos estando à presidência da empresa é o fato de não ter muita margem financeira para erro. A chamada gestão de banca (ou seja, os recursos financeiros, como veremos no capítulo sobre este tema) no pôquer também é algo básico nos negócios. Precisei aplicar todo o meu conhecimento do pôquer e a base do curso de Administração em que me formei para entender que precisava, sim, testar e acreditar nos processos, produtos, *softwares* etc. Mas, quando os indicadores mostravam que não levariam a empresa para a frente, aprendi que saber trocar rápido é de suma importância.

---

9. *Forecast* é uma previsão de faturamento para um determinado período

10. O *private equity* é um tipo de investimento, feito de forma privada, onde um investidor aporta seu capital diretamente em empresas com potencial

Ao longo desses anos de agência, pude falar com vários empresários que operavam no negativo com a esperança de que "o mercado vai mudar", ou que ganhariam tração em determinado produto, ou que foi difícil treinar aquele determinado colaborador, então pagar seu salário por meses a fio seria melhor do que desligá-lo.

Ações como estas negam o EV. Elas não têm base teórica. O indicador está te falando que está negativo, porém é mais cômodo imaginar que o EV de longo prazo é positivo do que tomar ações.

Sinceramente, meu estilo de gestão sempre foi lidar com qualquer que fosse o problema, e não negligenciar os indicadores atuais e pagar o preço. Foi assim que construí uma empresa que, em 13 anos, nunca fechou um ano fiscal no negativo. Não tem mágica: se você acredita que sua operação tem EV positivo, é só ter consistência e agir rápido. O resto é longo prazo.

CAPÍTULO 6

♣♦♥♠

DOWNSWING

INSANIDADE É ESPERAR RESULTADOS DIFERENTES FAZENDO A MESMA COISA TODOS OS DIAS.

(Albert Einstein)

Perda atrás de perda. É assim que podemos definir o conceito de *downswing* no pôquer: um período prolongado em que um jogador experimenta uma série de resultados desfavoráveis. Ele pode até tomar decisões corretas e jogar de maneira habilidosa, mas o fato é que as cartas simplesmente não estão a seu favor.

Apesar de não ser nada agradável, o *downswing* faz parte da natureza do pôquer, porque, no jogo, ocorre uma variância ou oscilação normal nos resultados, devido à aleatoriedade das cartas. Jogadores talentosos já enfrentaram *downswings* e precisaram gerenciar seu caixa para enfrentar esses momentos difíceis ao mesmo tempo em que lidavam com questões emocionais, controlando o estresse e a raiva, para continuar tomando decisões e ter sucesso a longo prazo.

Este é um dos temas com que mais me identifiquei no pôquer, e percebo que na gestão de negócios não é diferente. Em 13 anos de empresa, é impossível não falar de *downswing*, porque, em vários momentos, achei que iríamos falir e, ainda assim, absolutamente todas as vezes viramos o jogo e conseguimos reportar resultados positivos.

Lembro que, em 2013, meus resultados no pôquer estavam decaindo. Não conseguia ver com clareza em que estava errando ou o que estava acontecendo, mas tudo o que havia conquistado de 2009 a 2012 já não funcionava mais.

Na época, eu estava começando a agência Compre Clicks (que, depois, viria a se chamar Yooper) e focar na empresa me fez entrar numa das maiores *downswings* que já tive. Hoje, é fácil olhar para trás e ver os motivos que me fizeram entrar nela: foco na empresa, falta de atenção, de estudo, de tempo. Jogava cansado e com soberba, como se houvesse alguma obrigação universal de continuar vencendo, uma vez que passei tanto tempo ganhando e dando certo.

As cifras do *downswing* ainda me fazem lembrar bem desse período. Em 2013, fechei o ano com pouco mais de R$ 50 mil negativos no pôquer; em 2014, pouco menos de R$ 100 mil e, em 2015, já entendendo o enorme *gap* de habilidade, dedicação, preparação e tempo que havia se formado entre mim e meus oponentes, amarguei um ano com perdas na ordem de R$ 80 mil. O excessivo (e necessário) tempo dedicado à empresa estava dando muito certo para ela, e muito errado nas mesas de pôquer.

Depois de 2016, consegui virar o jogo e voltei a ser lucrativo. Mas o ponto, aqui, não é sobre o quanto se perde ou se ganha, mas como isso acontece. Passei três anos culpando alguém pelas minhas derrotas, menos eu. Eram o azar, a variância das cartas, o baralho, a cor da camiseta, o dia da semana. Esse também é um processo extremamente comum no mundo dos negócios: a terceirização da culpa.

Não é à toa que quase 80% das micros e pequenas empresas não chegam a completar o primeiro ano e 60% fecham antes dos cinco anos, segundo dados de uma pesquisa de 2020 do Instituto Brasileiro de Geografia e Estatística (IBGE).

Construir uma empresa do zero é um desafio e tanto. Portanto, saber passar por uma *downswing* pode ser a chave para vencer essa barreira.

Aqui, vão algumas dicas de quem já passou por várias *downswings* no jogo e nos negócios, inclusive com grandes similaridades. Algumas foram mais custosas do que outras, mas todas foram vencidas.

PARE DE TERCEIRIZAR A CULPA

O que mais ouvi ao longo desses anos foram movimentos de culpar o cliente ou o parceiro, com justificativas como: "falta de maturidade", "não entendeu meu produto", "o usuário que não entendeu como funciona meu *site*", "não entendeu o escopo", entre outras frases clichês. É mais fácil culpar quem não pode se defender. Enquanto continuar terceirizando a culpa, a *downswing* estará te perseguindo. Apenas você pode sair dela. É como a frase que abre este capítulo: "Insanidade é esperar resultados diferentes fazendo a mesma coisa todos os dias". Faça diferente e comece a virar o jogo.

FAÇA CONTAS (NÃO OCULTE PERDAS)

É muito comum, em uma *downswing* – seja no pôquer, seja na empresa –, ocultar perdas. Além de tóxico, é uma clássica autossabotagem. Mas, por incrível que pareça, é algo extremamente comum. Minha dica é: além de não ocultar as perdas, crie ritos para falar sobre elas, analisá-las. Vá no detalhe. Só assim, você terá clareza de como sair dessa situação. A matemática é uma grande aliada neste caso. Apesar do número ser ruim e de você querer evitá-lo, é importante encarar e se aprofundar nele – e, quem sabe, até mesmo encontrar oportunidades.

No meu caso, no pôquer, pude entender de quais faixas de *buy in* eu ainda era ganhador, os tipos de torneio que me geravam mais prejuízos, quais estilos ainda tinha margem e, aos poucos, isso me deu a visão da mudança. Aqui, vale destacar a importância da análise de EV que vimos no capítulo anterior. Se você tem uma boa visão do EV, fica mais fácil lidar com uma eventual *downswing*.

SEJA SINCERO

Não minta para si mesmo. Quando evitamos desligar um colaborador com a premissa de que "ele vai mudar um dia"; quando vemos um processo errado, mas não mudamos, esperando, milagrosamente, que entendam como ele é feito; quando não damos um *feedback* claro, porque "já devem ter entendido nas entrelinhas": estes são exemplos de como mentimos para nós mesmos. É nossa zona de conforto falando mais alto e nos convencendo a mentir, para parecer menos prejudicial do que é. Estar vivendo uma *downswing* exige mudanças e o quanto mais rápido e mais sincero você for consigo mesmo, mais rápido poderá encontrar caminhos para sair dela.

FUJA DE REGRAS DE 3

Ao longo de mais de 15 anos falando com empreendedores sobre dados e indicadores, ouvi, incontáveis vezes, assuntos relacionados à famosa regra de 3, como, por exemplo: "Invisto R$ 100 mil a um Return On Advertising Spend (ROAS) ou Retorno Sobre o Investimento em Publicidade, de 400%, ou seja, gero R$ 400 mil em vendas. Vou aumentar minha verba para R$ 200 mil para gerar R$ 800 mil".

Infelizmente, pensamentos como esses mostram uma falta de visão de escala que, na maioria das vezes, vai acabar em frustração ou fazer entrar em uma *downswing*. É como correr 5 km em 30 minutos e pensar que em 1 hora vai correr 10 km. Não, não vai. Você estará mais cansado, e isso terá um impacto absurdamente alto em sua performance. No esporte, no pôquer ou nos negócios, evite criar expectativas com base em regras de 3. São cálculos relacionados a funcionários, faturamento e tantos outros que só criam uma ilusão mentirosa e um desalinhamento de expectativa que, muitas vezes, pode ser o motivo por que você está entrando em uma *downswing*.

Lembro-me de estar sentado em minha cama, ainda garoto, no final de 2009, fazendo meu fechamento de lucros do pôquer *on-line* daquele ano, em que ainda estava pensando em me profissionalizar e dividia a rotina de jogo com o trabalho CLT. Naquele momento, já acumulava um lucro da ordem de US$ 50 mil a 60 mil dólares por ano e fazia a regra de 3 para calcular quanto tempo precisaria para atingir US$ 1 milhão em lucro. Ledo engano, porque a regra de 3 só funcionou no papel. Foi bom sonhar por alguns dias, mas o pesadelo, nos anos futuros, veio forte. Excesso de confiança misturado com soberba, falta de foco e de clareza fizeram com que aquela conta, que parecia tão óbvia, virasse uma *downswing* de três anos. Dinheiro e tempo que não voltam mais.

FOQUE ONDE VOCÊ É BOM

Em um momento de perdas constantes, é importante parar para analisar onde você ainda tem margem, onde ganha ou perde menos ou mais, onde possui escala ou EV positivo. Possivelmente, existem pontos positivos e negativos no meio de uma *downswing* (seja no pôquer ou nos negócios) e o segredo para sair dela é analisar o número o mais destrinchado possível. Você não vai conseguir sair de uma crise sem olhar detalhes. Somente avaliar sua performance pela visão macro já não é mais suficiente (se fosse, possivelmente, você não teria entrado nela).

Um conceito que acabei adaptando para me ajudar a sair de crises é a clássica visão da Pirâmide de Maslow, criada pelo psicólogo Abraham Maslow, em 1943, mostrando uma representação da hierarquia das necessidades humanas. Na base da pirâmide, estão as necessidades fisiológicas; na parte intermediária, as necessidades sociais, de segurança e de estima; no topo, a necessidade de autorrealização.

PIRÂMIDE DE MASLOW

- fisiológicas: respiração, alimentação, higiene, sexo
- segurança: proteção, abrigo, saúde
- sociais: relações familiares, amorosas, amizade
- status/estima: confiança, conquista, respeito, prestígio
- autorrealização: criatividade, talento, desenvolvimento pessoal

Embora esse conceito tenha nascido na área da psicologia, é comum adaptá-lo a cenários empresariais. Então, em vários momentos ele me ajudou a ter mais clareza sobre o que precisava ser feito e onde focar energia. Quando estamos passando por um período de *layoff*[11] em nossa empresa, ou uma downswing no pôquer, precisamos nos agarrar a conceitos como a pirâmide de Maslow para rever as necessidades.

Geralmente, quando entramos em uma crise, não estamos na base da pirâmide, e sim no topo, vivendo uma fase de autorrealização. O problema se dá quando não entendemos que precisamos

11. *Layoff* = redução de custos adotada pela empresa para reestruturação

voltar ao básico, ou seja, readaptar nossa mentalidade, ações e expectativas para uma fase de segurança.

Correlacionar Maslow a uma visão de negócios é um convite para repensar as necessidades adequadas a cada momento. Por exemplo: é quase impossível ter uma conversa sobre necessidades de autoestima com quem vive a fase de necessidades de segurança, e vice-versa. É como uma empresa querer estruturar sua expansão internacional, passando por necessidades financeiras sem saber se vai conseguir pagar o salário dos colaboradores.

Nessa minha releitura de Maslow, a parte próxima à base da pirâmide está relacionada ao *core business*, ou seja, ao "ganha pão" da empresa. É esse ponto que merece foco, porque é onde a empresa tem mais margem e opera melhor, pois você está buscando sobreviver. Por outro lado, quanto mais perto do topo, entramos na autorrealização, que podemos entender como o foco em inovação ou testes de produtos. É uma visão diferente de aplicar Maslow, mas ainda dentro do que ele projetou. Assim, nessa perspectiva, podemos considerar:

- necessidades básicas: pagar a folha de salários, arcar com todos os custos mensais, atingir o *break even*[12] operacional;
- necessidades de segurança: operar com margem e rentabilidade, ter segurança financeira para eventuais problemas futuros ou perda de clientes estratégicos; estar menos vulnerável a problemas;
- necessidades sociais: rede de networking forte, captação de clientes e parceiros organicamente, foco em *market share*[13];
- necessidades de estima: branding forte, marca reconhecida e admirada, expansão de negócios, fusões e aquisições;

12. *Break even* significa o momento de equilíbrio da empresa, ou seja, quando custos e despesas operacionais se igualam à receita.
13. *Market share* = participação de mercado

- necessidades de autorrealização: testes de produtos e áreas, inovação, estímulos, patrocínios e investimentos no setor.

UMA RELEITURA DA PIRÂMIDE DE MASLOW

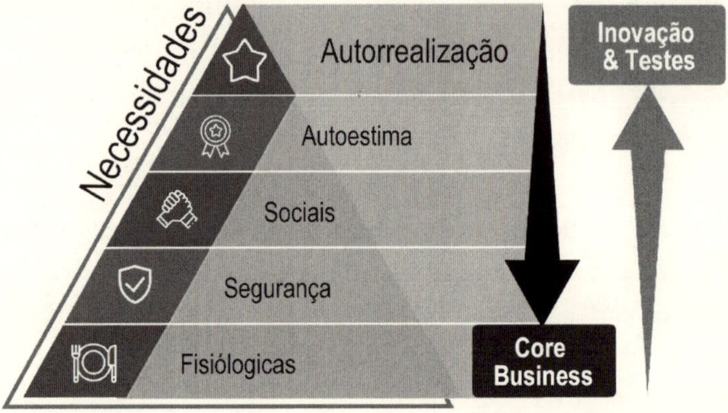

Se essas necessidades e fases se aplicam à realidade das empresas, por que não ao mundo do pôquer? Podemos sim correlacionar Maslow para sair de uma *downswing* no pôquer focando em nossas necessidades básicas, ou seja, no nosso *core business*, nosso porto seguro, com margens melhores. Não é a hora de inovações e testes, ou seja, não é a hora de arriscar valores altos ou estruturas de torneio não favoráveis para o nosso estilo de jogo.

Vamos analisar algumas situações com dados reais de jogadores para entender a importância de ir a fundo nos números.

Tomando como exemplo o jogador profissional belga que joga com o nick Girafganger7 no site PokerStars, abaixo, temos o gráfico da evolução dele ao longo dos jogos cruzando com o lucro obtido, até o momento da escrita desse livro:

Jogador	Filtrar	História de Lucro	Contagem	Lucro Méd	Stake Méd	ROI Méd	Lucro	Lucro/Hora	Capacidade	Formulário	
girafganger7 PokerStars			52,844	R$127	R$606	41.3%	R$7,235,55	R$452	99		x

Adicionar Outras Estatísticas Visualizar Grupos de jogadores

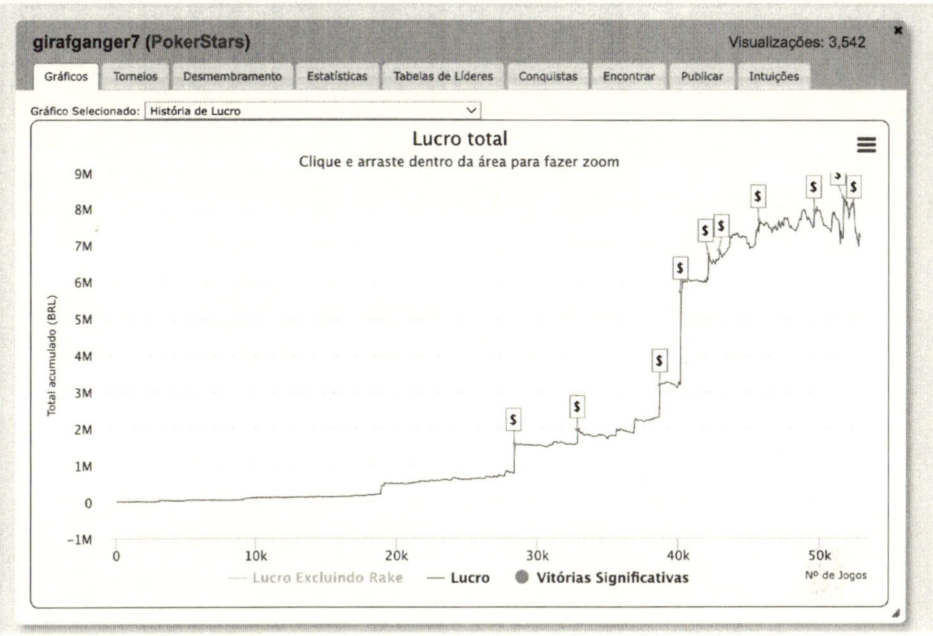

Fonte: Sharkscope

Verificando os KPI's do girafganger7, vimos que ele possui atualmente R$ 7,2 milhões de lucro em 52 mil torneios jogados, com um ROI médio de 41,3%, e um lucro médio de R$127 por torneio jogado. A média de *buy in* é de R$ 606 por torneio.

Todos esses números invejáveis já nos mostram e concretizam a grande relação que o pôquer tem com o mundo empresarial, com análise de ROI, *stake* médio, análise de performance etc. Mas o que aconteceria se o belga entrasse em uma *downswing* e começasse a acumular prejuízo continuamente? Assim como numa empresa, é preciso destrinchar o número e entender onde somos mais lucrativos, ou seja, onde temos um ROI melhor.

No caso deste jogador, fiz um filtro nos números para avaliar a performance dele sobre um torneio de menor custo para entrada. Como esperado, em torneios mais baratos (média de R$ 61 de *buy in*) com 36 mil torneios jogados, ele possui um ROI de 49,1%. Ou seja, por mais óbvio que seja a resposta, se ele estivesse em uma *downswing* o caminho seria jogar torneios em que ele tem maior domínio e mais chances de ganhar, contra jogadores mais fracos, por exemplo.

Jogador	Filtrar	História de Lucro	Contagem	Lucro Méd	Stake Méd	ROI Méd	Lucro	Lucro/Hora	Capacidade	Formulário	
girafganger7 PokerStars	R$0-300		36,271	R$23.58	R$61.19	49.1%	R$865,718	R$80.84	86		x
girafganger7 PokerStars			52,844	R$127	R$606	41.3%	R$7,235,55:	R$452	99		x

Adicionar Outras Estatísticas Visualizar Grupos de jogadores

Podemos avançar um pouco mais, em um novo filtro reduzindo a faixa de *buy in* por torneio; o *buy in* médio passa a ser de apenas R$ 20, porém com um ROI incrível de 66,8%. Repare que quanto maior o ROI, menor é o lucro médio também, ou seja, aqui conseguimos ver a relação retorno *versus* risco sendo fortemente exercida. É uma balança que ele deve conhecer bem para encontrar o equilíbrio entre o melhor ROI possível com o máximo de lucro por torneio. No caso das empresas, é quando você abre mão de volume para focar em rentabilidade, porém sem volume dificilmente você consegue escalar o negócio. Por isso, essa é uma visão aplicada e recomendada em momentos de crises, como é o caso de uma *downswing*.

Jogador	Filtrar	História de Lucro	Contagem	Lucro Méd	Stake Méd	ROI Méd	Lucro	Lucro/Hora	Capacidade	Formulário	
girafganger7 PokerStars	R$0-100		21,794	R$20.17	R$25.58	66.8%	R$439,826	R$62.03	82		x
girafganger7 PokerStars	R$0-300		36,271	R$23.58	R$61.19	49.1%	R$865,718	R$80.84	86		x
girafganger7 PokerStars			52,844	R$127	R$606	41.3%	R$7,235,55:	R$452	99		x

Adicionar Outras Estatísticas Visualizar Grupos de jogadores

Saber estudar e analisar esses dados já seriam fundamentais e importantes para qualquer jogador, mas no momento de *downswing* eles são a base para uma possível retomada. Essa visão poderia ser ainda mais detalhada usando filtros como tipos de torneios, modalidades, quantidade de participantes etc.

Vamos pegar um outro caso, desta vez de um jogador profissional brasileiro, que admiro muito não só como jogador, mas como história de vida também. A base de status dele no PokerStars é a seguinte:

Jogador	Filtrar	História de Lucro	Contagem	Lucro Méd	Stake Méd	ROI Méd	Lucro	Lucro/Hora	Capacidade	Formulário	
Brasileiro			48,645	R$72.92	R$679	22%	R$3,922,10	R$278	98		x

Adicionar Outras Estatísticas · Visualizar · Grupos de jogadores

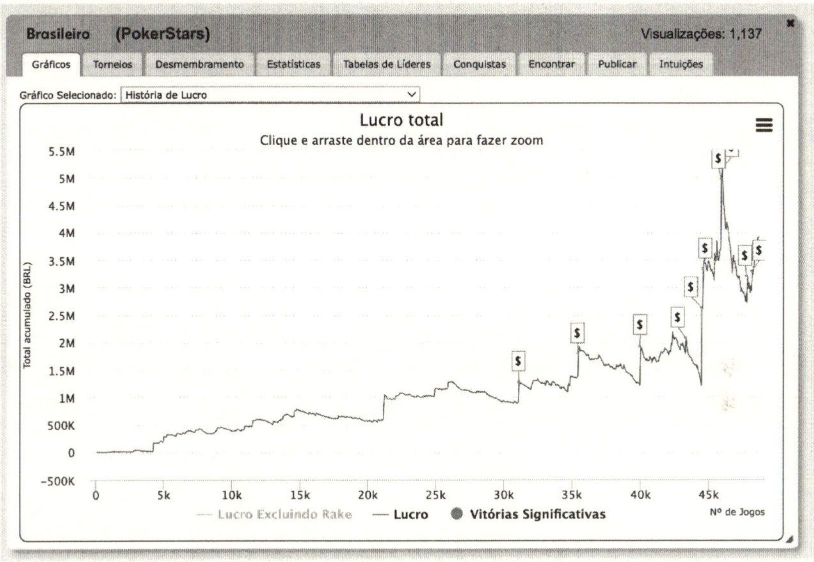

Somente no site PokerStars, ele possui atualmente R$ 3,9 milhões de lucro, um ROI médio de 22%, 48 mil jogos e uma média de *buy in* de torneios de R$ 679.

Esses resultados já são impressionantes e mostram a qualidade de jogo que ele possui. Porém, fazendo uma análise mais aprofundada, mesmo jogadores profissionais variam suas taxas consideravelmente por estilos de jogos, como podemos ver na tabela abaixo:

Jogador	Filtrar	História de Lucro	Contagem	Lucro Méd	Stake Méd	ROI Méd	Lucro	Lucro/Hora	Capacidade	Formulário	
Brasileiro PokerStars	K		10,160	R$269	R$1,083	8.6%	R$3,366,03	R$323	97		x
Brasileiro PokerStars	T		16,828	R$58.46	R$398	27.1%	R$1,041,85	R$142	97		x
Brasileiro PokerStars	R$0-330		28,342	R$32.84	R$102	35.2%	R$956,984	R$106	91		x
Brasileiro PokerStars			48,645	R$72.92	R$679	22%	R$3,922,10	R$278	98		x

Adicionar Outras Estatísticas · Visualizar · Grupos de jogadores

Na primeira linha da tabela, temos dados filtrados somente por torneios do tipo Bounty, em que os jogadores recebem uma recompensa por eliminar outros jogadores. O brasileiro possui 10 mil jogos com um ROI de 8% e mais de R$ 3,3 milhões de lucro somente nesta modalidade.

Na segunda linha, são os torneios no estilo Turbo, que possuem uma estrutura de blinds mais acelerada. Nestes, ele já possui um ROI de 27%, jogando 16 mil torneios e um lucro de R$ 1 milhão.

Já a terceira linha considera os torneios com *buy in* menores, até R$ 330. O ROI do brasileiro saltou para 35% com 28 mil jogos, porém com o menor volume de lucro (R$ 956 mil).

Repare como mesmo em diferentes cenários, ele consegue extrair margem com o propósito certo para cada tipo de torneio. Para alguns estilos, o foco é volume, em outros é margem (ROI), e ele consegue encontrar um balanço para performar e ser um jogador acima da média.

E como adaptamos isso para a empresa? Pense em cada visão filtrada, segmentada, como áreas, departamentos, produtos, ticket médio etc. Existem diversas quebras que são fundamentais para encontrar saídas em momentos de crise.

Como estão estruturados os dados de sua área e de sua empresa? Você consegue olhar com essa profundidade quando passa por uma eventual *downswing*? Não espere ela vir. Esteja preparado e, para isso, saiba onde são seus pontos de ROI maior e menor ou de volume em sua operação.

Outro ponto extremamente favorável de conhecer esses dados é evitar gastar energia, tempo e dinheiro com recursos que não geram ROI. Em um cenário de prejuízo em que você precisa virar o jogo, a última coisa que deve focar é naquilo que não traz resultado. Se não gerou resultado no passado, dificilmente no momento da crise é isso que vai te tirar dela.

No meu caso, minha virada de jogo no pôquer passou por esses cinco pontos:

1. parei de terceirizar a culpa e entendi que eu era o culpado;
2. não fugi do número e, por mais negativo que ele fosse, segui contabilizando corretamente minhas derrotas;
3. fui sincero comigo mesmo no momento em que entendi o buraco financeiro que estava entrando;
4. evitei regras de 3 ou projeções e foquei apenas em planos de ações para sair daquela situação e;
5. foquei e pude entender onde eu era bom, onde ainda tinha margem e onde estava gastando dinheiro e tempo desnecessariamente.

Em todos os momentos delicados que passei na empresa (e não foram poucos), pude usar esses pontos como alicerce para me ajudar. Espero que te ajude também!

CAPÍTULO 7

VOCÊ É MELHOR DO QUE IMAGINA

E POR NÃO SABER QUE ERA IMPOSSÍVEL, ELE FOI LÁ E FEZ.

(Jean Cocteau)

Em meados dos anos 1960, dois psicólogos americanos, Robert Rosenthal e Lenore Jacobson, conduziram um estudo que, mais tarde, seria conhecido como Efeito Pigmaleão. O foco da investigação residia em uma questão fundamental: até que ponto nossas expectativas podem moldar a realidade?

Para testar essa premissa, os pesquisadores fizeram um experimento em que uma turma de uma escola na Califórnia, nos Estados Unidos, foi dividida em dois grupos. Embora todos os alunos tivessem habilidades intelectuais similares, o professor foi informado de que um dos grupos demonstrava um desempenho superior ao outro.

Ciente dessa informação, o professor passou a motivar (tanto consciente quanto inconscientemente) os alunos que ele acreditava serem "os melhores". Ao término do semestre, de maneira intrigante, esses estudantes efetivamente alcançaram notas mais elevadas do que seus colegas.

Considerando que todos os alunos possuíam um nível intelectual equivalente, esperava-se que as notas fossem aproximadas. Porém, a convicção do professor de que estava lidando com um grupo mais talentoso criou uma expectativa que influenciou suas próprias atitudes como docente, resultando em uma diferença significativa no desempenho dos estudantes.

A conclusão do experimento foi a seguinte: estabelecer expectativas em relação a alguém ou algo pode fazer com que essas expectativas materializem-se na realidade.

O ano era 2019 e lá estava eu cheio de expectativas e desejos, embarcando, mais uma vez, para Las Vegas. Depois de 16 horas de viagem, com escala no Panamá, eu chegava novamente para jogar um dos maiores torneios de pôquer do mundo, o World Series of Poker (WSOP), em meio a um calor acima de 40 graus, com a secura que somente um deserto pode trazer.

Era minha sexta ida a essa cidade que encanta, estimula e convida a sonhar com uma vida que você precisa lembrar a cada segundo que não existe (ou, se existe, custa muito, mas muito caro). Mas sonhar é uma sensação gostosa demais.

Até então, minhas viagens para Las Vegas haviam sido bem comedidas. A empresa ia bem e estávamos começando a crescer entre 20% e 30% ao ano, imprimindo volume e rentabilidade. O pôquer cada vez mais era uma faculdade onde eu aprendia dia após dia. Os tempos de buscar lucros incríveis ou Big Hits haviam ficado no passado.

O esporte virou *hobby*, e o *hobby* virou escola. Uma escola de 52 cartas que eu fazia questão de estudar, aprender e, quem sabe, ganhar. De qualquer forma, minha prioridade era continuar fazendo a empresa crescer, e nisso o pôquer estava me ajudando demais.

No dia 26 de junho, não havia nenhum torneio expressivo que me chamasse atenção na grade do WSOP. Então, fui para o meu segundo lugar favorito na cidade, o The Venetian, um cassino que simula os canais de Veneza, na Itália, com gôndolas que impressionam qualquer visitante. Eu já tinha perdido a conta de quantas vezes já estivera lá e não me deslumbrava mais com a beleza do cassino. Estava focado em jogar meu melhor pôquer. Conhecer Veneza ficaria para a próxima.

O torneio tinha um *buy in* considerado baixo – US$ 600 ou, aproximadamente, R$ 3 mil –, comparado a outros que eu costumava jogar em Las Vegas. Mas tinha um prêmio garantido de quase US$ 1 milhão em dois dias. Essa estrutura bastante interessante me fez andar pelas ruas da Strip, a região mais badalada da cidade, até o Venetian e me inscrever. Eu e 1.987 jogadores tivemos essa ideia.

No Venetian, meu dia 1 de torneio foi ótimo. Lembro-me apenas de alguns *flashes* na memória e de poucas mãos – por isso sei que foi muito bom. Se eu me lembrasse dos detalhes tantos anos depois, é porque saberia que joguei mal e com decisões erradas. É incrível como nossa mente tende a lembrar mais acontecimentos e *feedbacks* ruins, mas deixamos passar com certa displicência acontecimentos e atitudes positivas.

Foram 12 horas sentado em uma cadeira, felizmente confortável (saudades da época em que ainda não tinha dores na lombar). Depois dessa maratona, estava ensacando minhas fichas para tentar fazer história na final que aconteceria no segundo dia. Cheguei a ficar entre os líderes de fichas para competir no *gran finale*, mas não seria fácil, porque havia mais de 300 jogadores, dos 1.987 iniciais, disputando o prêmio.

Na noite anterior à final, minha esposa, Carolina, sentiu-se mal e precisou ser levada às pressas para o hospital. Saímos do hotel às 23h e voltamos por volta das 4h da manhã. Passei a noite e a madrugada acordado ao lado dela, e felizmente não foi nada grave. Sabe aqueles mitos que muita gente conta para ter cuidado ao ir em hospitais nos EUA? Não são mitos. Ficamos por aproximadamente cinco horas no hospital, ela fez um raio-X, um exame de sangue e alguns remédios e a conta veio depois de seis meses: R$ 110 mil. Mas isso é história para um outro momento (meus advogados resolveram e tanto minha esposa quanto minha conta bancária passam bem).

Então, meu dia 2 começou do pior modo possível. Estava caindo de sono no torneio, quase dormindo na mesa, com certa raiva de mim mesmo e um castelo de fichas. No começo, lembro-me de jogar algumas mãos de maneira extremamente agressiva e displicente. Em algumas situações no pôquer (assim como nos negócios), a agressividade desmedida é recompensada e meu castelo de fichas só aumentava. Naquela hora, pensei: "Preciso de um Red Bull ou de uma cama. Melhor um Red Bull". Uma lata de 473 ml de energético depois, eu estava jogando em alto nível novamente. Restavam 50 competidores, e estávamos jogando há cerca de 10 horas.

O pôquer é um jogo magnífico e uma das coisas que ele mais me ensina é sobre constância e nível de alerta. Jogar pôquer é como estar em uma feira de negócios. Já pude patrocinar as maiores feiras de *e-commerce* do Brasil com a Yooper e posso dizer sem sombra de dúvida: é uma das atividades mais cansativas em termos de foco, atenção e cansaço mental. A qualquer minuto, pode chegar um cliente, parceiro ou *prospect* capaz de mudar a história da empresa ou transformar um evento extremamente deficitário em consideravelmente positivo. Geralmente, investimos em torno de R$ 100 a R$ 150 mil por evento para expor a Yooper. Qualquer cliente é uma chance de mudar esse número e gerar resultado.

Troque apenas o cenário do evento para o do jogo. Qualquer mão no pôquer pode mudar drasticamente sua situação em um torneio. Se você não estiver 100% focado, a chance pode ir embora (depois, não vá reclamar que o evento era ruim se você deixou o *lead* passar).

Era por volta de meia-noite e eu estava completamente exausto. Havia cerca de 20 jogadores na disputa. Minha esposa, já recuperada do hospital, e meu amigo Rodrigo assistiam à minha reta final no torneio.

SEGUNDA CHANCE

Eu havia olhado minha mão: 7 e 8 de naipes diferentes. Estávamos em 17 jogadores quando me envolvi em uma mão com um jogador argentino. Na mesa, estou sentado na posição **Botão/Dealer** e ele é

Small Blind. Eu aumento o pré flop (a primeira rodada de apostas), o argentino paga e o jogador na posição **Big Blind** foge. A posição de Dealer é a melhor na mesa, pois te dá a vantagem de ser o último a falar, fato este que me fez aumentar a jogada com meu 7 e 8 na mão.

O Flop vem com as cartas 4, 4 e 7. O argentino dá **check**. Eu aposto, me aproveitando da posição e considerando que fiz um par de 7 (meu 7 na mão e o 7 que estava na mesa).

BOTÃO/DEALER: o último a jogar. É considerada a melhor posição no pôquer, porque é possível ver como todos os outros jogadores agem antes de chegar a sua vez.

SMALL BLIND: posição em que o jogador precisa fazer a aposta mínima obrigatória da rodada antes de ver as cartas.

BIG BLIND: posição em que o jogador precisa fazer, obrigatoriamente, a aposta inteira mais alta.

CHECK: quando um jogador não aposta nada, passando a ação para o jogador seguinte.

Ele pensa e aumenta para um valor extremamente alto. Rapidamente, imagino que o *hermano* está blefando e pago. Esse é um **board** ótimo para ele fazer esse tipo de jogada, considerando que optou previamente pelo *check*, mas, sinceramente, não pensei isso naquela hora. Não me dei o tempo de análise, estava cansado e apenas empurrei minha pilha de fichas para o centro da mesa, pagando a aposta.

BOARD: as cartas visíveis para todos na mesa.

O Turn é um 10, uma carta mediana para o argentino continuar apostando, mas ele o faz. E eu, novamente, pago, sabendo que tinha meu par de 7, porém já começo a pensar na gravidade do que estava fazendo e tento me recompor psicologicamente. Já tinha muitas fichas minhas no centro da mesa (chamamos isso de SPR, *stack to pot ratio*), ou seja, por mais que eu ainda pudesse fugir no River e salvar meu torneio, seria um trabalho árduo voltar com tão poucas fichas que ainda me restavam.

O River é um 8. Como eu tinha 7 e 8 na mão, se ele tivesse um 7 maior que o meu, agora com meu par de 8, eu estaria ganhando. Perfeito! O argentino move *all in*. O Red Bull não foi suficiente para tantas horas de jogo depois de uma noite em claro pós-hospital. Novamente, de maneira extremamente displicente, superanimado em ter acertado meu 8 no River, e sem pensar nas consequências ou probabilidades da minha decisão, decido pagar. Rapidamente, pego uma ficha e jogo para o centro da mesa, falando em alto e bom som: "*I Call*". Ele tinha um pouco mais de fichas que eu. Eu estava igualando a aposta com as fichas que me restavam e arriscando todo o meu torneio naquele call.

Pago e abro minhas cartas rapidamente. A fadiga e a displicência eram tantas que eu havia visto minha mão errada! Eu não tinha 7 e 8 como achava, mas 7 e 9. Ou seja, o 8 no River que me fez pagar a aposta foi justamente a carta que não me ajudou em nada e que ainda poderia ter ajudado e muito meu adversário, afinal, o *board* mostrava 447 10 8 (veja na página ao lado). Ou seja, existia uma infinidade de mãos que meu adversário poderia estar ganhando de mim, além das opções de pares maiores. Existiam todas as possíveis combinações de sequências, como, por exemplo, 5 e 6, J e 9 ou 9 e 6. No final, lendo errado minha mão, eu tinha apenas um par de 7 com **kicker** 10 que estava na mesa.

KICKER: é a carta utilizada para desempate, quando os jogadores têm mãos de mesmo valor.

O argentino olhou minha mão como quem via uma assombração. Eu ainda estava em choque, tentando não tremer ou me matar por ter cometido um erro tão primário após tantas horas de jogo. No meio do silêncio e do desespero em que minha mente se encontrava, ouço ele falar "*Good Call*" e jogar suas cartas no monte, sem abri-las. Sim, ele estava blefando comigo desde o começo e, por mais displicente que eu estivesse jogando, às vezes, é dia da caça, e o caçador passa fome. Eu havia ganhado!

Meu castelo de fichas ficou ainda maior e meu cardiologista teve a certeza de que meu coração estava em dia. Já o meu psicológico estava mais abalado do que nunca.

Ainda tentando entender o que havia acontecido, levantei-me, após arrumar as várias fichas que ganhei, e fui para o banheiro me acalmar, jogar uma água na cara e pensar em todas as horas e trajetórias até aquele momento. Não é sempre que temos uma segunda chance na vida e ela tinha acabado de acontecer comigo. Eu precisava aproveitar. E foi o que fiz! Errar é humano, persistir no erro é tolice. Não podia errar mais se quisesse ter a mínima chance de ganhar.

Saindo do banheiro, encontrei o argentino cabisbaixo, ainda surpreso com o que acontecera. Ele veio até mim e me perguntou qual tinha sido a estratégia para eu ter pagado a aposta dele. Obviamente, eu não iria responder que tinha visto minha mão errada, então, rapidamente, disse apenas que, depois do torneio, explicaria meu raciocínio. Nunca mais o encontrei, pois ele foi eliminado minutos depois. Se ele estiver lendo este livro, saberá agora meu racional por trás daquela mão.

Mas o torneio ainda não tinha acabado. Voltei focado e joguei o melhor que tinha. Após mais algumas horas, estava entrando para um dos dias mais felizes da minha vida com o pôquer. Entrei na mesa final e fui eliminando os oponentes, um a um, enquanto meu amigo e minha esposa seguiam focados no champanhe e na comemoração.

No final, quando restávamos apenas três na mesa, um dos jogadores propôs um acordo de pararmos o jogo, pois, àquela altura do torneio, os valores em dinheiro do prêmio são extremamente substanciais e qualquer erro ou azar pode significar uma perda financeira enorme para qualquer um dos três que estavam ali jogando por horas. Esse é um movimento bastante comum nas fases finais de torneios de pôquer. Basicamente, o prêmio é dividido usando um modelo matemático de Independent Chip Model ou ICM (modelo de fichas independentes), em que cada ficha de cada jogador é proporcional ao prêmio total restante e cada jogador recebe sua fatia do prêmio não mais pela sua posição, mas pela quantidade de fichas.

Levou quase 30 minutos para decidir qual dos três jogadores levaria o troféu de campeão para casa. Eu, exausto do jogo e extremamente feliz por ter chegado até ali, não fazia questão do troféu, mas confesso que adoraria tê-lo em minha sala. O outro rapaz era um jogador profissional e queria o troféu para sua galeria. O terceiro jogador, com a maior quantidade de fichas, era um russo que não abriu mão e impôs que o único modo de ter o acordo era se ele levasse o troféu para Moscou. Troféu para a Rússia, então! Fomos assinar o acordo andando até o caixa do Venetian, onde uma assistente recebia nossos passaportes para dar entrada no pagamento.

E foi assim que abri minha mochila para colocar alguns pacotes de dólares. Ganhei pouco menos de meio milhão de reais (US$ 92 mil, após o acordo). Um dia histórico para quem sempre jogou por *hobby* e que me ensinaria coisas mais valiosas do que o dinheiro pode comprar.

SUPERAÇÃO E CONSTÂNCIA

Não contei essa história para me vangloriar, mas para enfatizar que ter olhado a mão errado me assombrou por muito tempo. Pode parecer hipocrisia, uma vez que fui um dos ganhadores do torneio, mas a autossabotagem é muito viva na vida do empreendedor e quando aconteceu isso comigo no pôquer teve um efeito catalisador. Será que eu teria vencido se tivesse visto as cartas corretamente? Será que merecia ter ganhado? Meu sucesso seria fruto do fator sorte? Pode parecer algo simples ou mero detalhe, mas, ao longo dos anos, conheci e conversei com vários profissionais extremamente bem-sucedidos e todos, em algum momento da vida ou da maturidade do sucesso, já passaram por uma fase de questionamento e, futuramente, de aceitação.

Perdi a conta de quantas vezes já tive sessões de desabafo com meus sócios José e Rodrigo sobre essa sensação de "castelo de cartas" que uma hora pode desmoronar.

Foram meses, quiçá anos, pensando no impacto que uma mão errada causou no futuro do jogador argentino. Não tinha dó dele, mas queria inverter os lados e entender: quantas vezes eu já perdi na vida e nos negócios fazendo a jogada certa e acabei perdendo porque, simplesmente, alguém viu a mão errada?

Passei minha vida inteira tendo o trabalho, o estudo e a competência como bases do resultado. Então, de uma hora para outra, alguém coloca outro fator no meio dessa fórmula. Algo que não posso prever ou mensurar. Bem-vindo ao efeito borboleta.

Quantas negociações já perdi porque alguém precificou errado o orçamento ou não entendeu o *briefing*? Quantos contratos perdi porque outro profissional estava na hora certa, no lugar certo? Sim, isso me assombrou por muito tempo, porque nem sempre é sobre fazer somente seu melhor. Como não acreditar em sorte ou *karma*? Como desmistificar o conceito de destino? Somos livres mesmo ou somos consequência de uma grande teoria do caos diária? A verdade é que me perguntei incontáveis vezes: se eu tivesse visto a mão corretamente, teria pago aquela aposta final? Foi difícil aceitar e entender que nunca saberei a resposta.

Depois de muito tempo, consegui superar essa mão que vi errado, graças a muita terapia e meditação, mas, para quem busca todos os dias o sucesso, recebe junto esses questionamentos, dúvidas, angústias e uma boa dose de autossabotagem. Cabe a você deixar isso te consumir ou ter a clareza sobre tudo de bom que te fez chegar lá.

Autoconhecimento é um dos remédios para autossabotagem. Quando comecei a me forçar a lembrar a trajetória completa, e não somente eventos isolados; quando comecei a ver e dar pesos iguais não somente para as falhas e ocasiões que perdi, mas também todas as outras que ganhei, entendi que joguei mais de 20 horas e não poderia me autossabotar por conta de dois minutos de uma mão.

Quantas noites em claro trabalhando? Quantos finais de semana dedicados ao negócio? Quantas ocasiões de exaustão foram vencidas em prol do atingimento de seus objetivos? Não deixe sua vida e seu sucesso serem definidos por momentos e segundos de sorte ou azar.

O que você tem feito para ter sucesso e por quanto tempo você o tem feito? Não se deixe levar por sentimentos de injustiça, negação ou sabotagem. Foque no que você é bom e por quanto tempo você tem sido bom! Assim, com uma visão completa e justa de cada acontecimento em sua vida, você terá a oportunidade de reconhecer o mérito de cada situação. A chave é a constância.

Não é sobre fazer o melhor uma vez, é sobre fazer sempre o que for necessário. Momentos de sucesso ou fracasso sempre acontecerão. Cabe a você manter constância e foco. O resto é resto. Não se deixe abalar por isso, porque você é melhor do que imagina. Perceba e reconheça, antes que seja tarde.

Gostaria de compartilhar mais dois fatos curiosos sobre esse acontecimento em Las Vegas.

O primeiro: enquanto escrevo o livro e lembro essa icônica mão, resolvi analisá-la no Solver, *software* que simula cálculos e estratégias de pôquer para ajudar a tomar decisões melhores no jogo. Para minha surpresa, diante daquela configuração do torneio e das fichas dos jogadores, meu 9 e 7 ou 9 e 8 (independentemente se eu tivesse visto certo ou errado as cartas) não era uma mão para aumentar pré flop, porém, se fossem cartas do mesmo naipe, era uma mão para aumentar – exatamente como fiz. Diante desse aumento, tudo ocorreria da mesma forma como ocorreu. Ou seja, ainda que eu não tivesse visto errado, em teoria, o Solver indica que pagar a aposta do *All in* no River foi correto, mesmo com meu 9 e 7, com 68% para *Call* e 32% para **Fold.**

FOLD: desistir da mão ao enfrentar uma aposta.

Curioso como eu nunca tinha analisado a teoria da mão até este momento. Foquei tanto tempo no fato de ter olhado errado, de ter jogado a mão de maneira extremamente errônea que nem cogitei que, ainda assim, poderia ter sido a ação correta. Sinceramente, isso não muda nada nos resultados, pois os resultados não justificam os meios no pôquer – e, muito menos, nos negócios.

O segundo ponto é que este episódio me lembrou de uma história marcante no mundo do pôquer. Em julho de 2007, a norueguesa Annette Obrestad, de 18 anos, venceu um torneio *on-line* de 180 jogadores sem olhar suas cartas. Isso mesmo, ela colocou um *post-it* no monitor do computador que a impossibilitava de ver as cartas.

Mas como ela ganhou? Annette usou o que havia de mais avançado em termos de análise de jogadores e estratégias para a época. Ela sabia exatamente o perfil de cada jogador, estilos e tendências de apostas e usou isso para jogar contra eles. Em uma época em que o pôquer ainda era extremamente estigmatizado por ser um jogo de azar, uma jovem de 18 anos chocou o mundo ao ganhar de 179 adversários sem olhar suas próprias cartas.

Ou seja, às vezes, não é sobre ver certo ou errado suas cartas. Se você confia tanto em si e no que está fazendo, de maneira extremamente focada e dedicada, não ver suas cartas já pode ser o suficiente para ganhar.

CAPÍTULO 8

♣♦♥♠

GESTÃO DE PERCEPÇÃO

SE VOCÊ FALAR COM UM HOMEM NUMA LINGUAGEM QUE ELE COMPREENDE, ISSO ENTRA NA CABEÇA DELE. SE VOCÊ FALAR COM ELE EM SUA PRÓPRIA LINGUAGEM, VOCÊ ATINGE SEU CORAÇÃO.

(Nelson Mandela)

Leonardo Di Caprio interpretando Frank William Abagnale Junior no icônico filme *Prenda-me se for capaz* diz uma frase que me acompanha desde o momento em que a ouvi. Basicamente, o personagem fala: "As pessoas só têm certeza do que você diz para elas. Todo o resto é achismo".

Um dos fatores que mais me surpreenderam ao longo desses anos estudando pôquer e trabalhando praticamente todos os dias é o controle sobre as percepções.

Quando comecei a jogar pôquer, tudo girava em torno da minha mão – as cartas, quanto deveria apostar, minhas probabilidades de ganhar etc. Com o passar do tempo e dos estudos, fui entendendo que o sucesso não estava no que eu tinha, mas sim no que meu oponente achava que eu tinha. E isso foi uma virada de chave na vida, nos resultados e, futuramente, em minha empresa.

Imagine-se em um restaurante. Você, cuidadosamente, escolhe um prato e pede ao garçom, que anota seu pedido e vai para a cozinha. Poucos minutos depois, ele aparece com seu prato pronto. Que rápido! Possivelmente, você já passou por uma situação como esta, aquela clássica situação de desvio de percepção, ou seja, o que vemos acontecer nos dá sinais que influenciam diretamente no que pensaremos ou como reagiremos a determinada situação.

A verdade é que uma pessoa que acabou de pedir um prato em um restaurante e o recebe depois de poucos minutos dificilmente não pensa, instintivamente, que a comida já estava pronta. Depois, começam a vir outros pensamentos do tipo: "vou comer comida fria" ou "a qualidade está comprometida, porque esquentaram no micro-ondas". Cada um cria sua própria teoria para criticar a situação com percepções negativas e quase nunca considera outros fatores, como uma cozinha ociosa ou a habilidade do chef em montar o prato rapidamente e com qualidade.

A essa altura, em que você foi engolido por uma onda de percepções e julgamentos, dificilmente sua garfada será a mesma.

Em 2006, eu tinha acabado de entrar no estágio da tão disputada e revolucionária empresa do momento: o Buscapé. Na época, eles tinham acabado de anunciar a aquisição do Bondfaro e eu, um estagiário deslumbrado com tudo aquilo, só queria buscar uma ponta de sucesso.

Como comentei nos capítulos anteriores, estava com 22 anos, já tinha aberto minha primeira empresa aos 17, com meu amigo Rodrigo, e, após vender minha parte para ele, fui cursar faculdade e me desenvolver profissionalmente. O estágio numa empresa como aquela parecia o melhor ensinamento possível para mim. Felizmente, eu não estava errado.

Foi ali que comecei a desenvolver essa visão sobre percepções e pensamentos alheios. Lembro que uma de minhas primeiras responsabilidades foi fazer um relatório extremamente longo, que levava alguns dias para ser construído. Um estagiário recém-contratado aliado a um trabalho chato parecia ser a combinação perfeita. Na época, não era tão comum profissionais terem conhecimentos avançados em Excel, mas eu dominava bem o programa. Lembro-me de ter aplicado algumas fórmulas avançadas e *voilá*! Em algumas horas, o famigerado relatório estava pronto. Mais animado que nunca, fui levá-lo para a direção.

Mas a reação não foi a que eu esperava e ouvi um sonoro "valide os números". Ao longo dos anos, até aquela ocasião, o relatório demorava três dias para ficar pronto. De repente, ele é finalizado em três horas por um estagiário que chegara recentemente. A única conclusão possível era: tinha algo estranho nisso. Então, tive que lidar com uma bateria de questionamentos e validações. Quanto mais perguntas eram feitas, mais eu aprendia sobre percepções.

Conclusão dessa história: nos relatórios seguintes, comecei a demorar mais para entregar, quase como uma prova social. Quando entrei numa zona de aceitação, o que era dúvida e questionamento passou a ser elogio e surpresa. Se a base eram três dias, terminar o relatório em três horas entrava numa zona de dúvidas e erros, e terminá-lo em um dia, numa zona de elogios e surpresas. O grande ponto é que, ainda que eu entregasse em um dia, ele já estava pronto em três horas. Todo o resto era controle de percepção.

Alguns anos se passaram, conectei tudo com o pôquer e avancei muito no que entendia como controle de percepção. Tudo o que você faz numa mesa de pôquer é avaliado, medido e usado a favor ou contra você.

Um dia icônico para mim aconteceu em meados de 2007, em um torneio de pôquer no antigo Paradise, que ficava localizado na Rua Joaquim Floriano, em São Paulo. Após reparar que um jogador estava prestando muito atenção em mim e em meus movimentos, eu decidi blefar, porém usando as duas mãos para empurrar as fichas, movimento que, nos vídeos de pôquer da época, era muito usado por jogadores quando demonstravam força e confiança tremenda (hoje em dia, esse tipo de estratégia provavelmente não funcionaria). Acabei ganhando a mão e ele externalizou o que eu precisava ouvir: "Pelo modo que você aumentou, não teria como eu ganhar essa mão". Era a validação do meu experimento social.

Um tempo depois, por volta de 2015, aprimorei esse conceito e a estratégia ao extremo na agência, em relação às percepções dos clientes.

Perdi a conta de quantos contratos foram cancelados porque o cliente reclamava de falta de proatividade ou organização, enquanto, internamente, eu via que acontecia exatamente o contrário. Tinha plena convicção da proatividade e da competência do time, além disso, investíamos em *softwares* e ferramentas avançadas para entregar um bom nível de serviço. Mas, ainda assim, o *feedback* não condizia com a realidade. Em vez de apenas aceitar, resolvi mudar esse cenário.

Guardadas as devidas proporções, é muito melhor não fazer nada e seu parceiro ou cliente achar que você fez tudo do que fazer tudo e ele achar que você não faz nada. Foi a partir desse pensamento que comecei a virar o jogo. O problema da empresa estava claro: falta de percepção. Graças ao pôquer, pude encontrar respostas rápidas e efetivas para essa questão. É preciso controlar, acompanhar e direcionar as percepções dos parceiros.

Na época, éramos menos de 40 colaboradores, então acabava sendo mais fácil. Hoje, confesso que não tenho mais tanta interferência nos pontos de contato e relacionamento com os parceiros da agência para entrar nesse nível de controle, mas compartilho aqui com você o que fiz na época e carrego até hoje na cultura da empresa. Acredito que pode ser aplicado em qualquer operação.

1. Faça um trabalho ótimo, mas saiba expor. É o clássico "fazer além do básico", com uma dose de "deixe as pessoas saberem". Esse pensamento foi a base do sucesso da empresa: buscar ser melhor e fazer melhor. Mas a virada de jogo só veio mesmo quando começamos a expor isso, porque, na maioria das vezes, o parceiro ou cliente não tem a mínima noção do trabalho em horas/homem que aquilo levou ou de todo o racional por trás daquele *to do*.

Por isso, exponha para o cliente. Isso é seu dever. Haverá muitas situações em que ele vai pensar diferente ou, simplesmente, não conseguirá enxergar o óbvio em suas ações. Já ouvi muita gente colocar a culpa no cliente, alegando que ele não entendeu a solução proposta, por exemplo. Não encaro isso como uma falha do cliente, mas como um erro do prestador de serviço em deixá-lo pensar assim. Afinal, o cliente ou parceiro, na maioria das vezes, não tem conhecimento técnico e está te contratando justamente para isso. Para você, é fácil e óbvio; para o cliente, nem tanto. E assim você acaba simplesmente não falando e mostrando o básico. Ledo engano.

2. Detalhes fazem toda a diferença no longo prazo. Nos primeiros três anos da empresa, usei o pronome "nós" em vez de "eu", porque queria que os clientes tivessem a ideia de um time robusto por trás da operação. Na época, eram menos de cinco pessoas e, portanto, não existia espaço para "nós". Mas, ainda assim, falar "eu" remetia a uma empresa pequena ou a uma consultoria direcionada, passando a mensagem de que eu era responsável por tudo. O "nós" fez com que o cliente tivesse ideia de time, de equipe, de valor agregado. Acredite ou não, isso fez toda a diferença.

3. Não seja quem responde, mas quem pergunta. Trata-se da clássica proatividade exercida de maneira metódica. Comecei a controlar os momentos em que não havia contato com os clientes ou parceiros em nossos grupos de comunicação ou e-mails. Ainda que não houvesse grandes assuntos, a meta era falar, comentar algum *insight*, detalhe ou ponto que tivesse chamado a atenção. Fazer-se presente.

4. Compartilhe desafios e problemas. Não seja o único lado a resolver as coisas. É muito comum, em determinados momentos, o problema ser lateralizado, ou seja, uma batata quente que vai queimar na mão de alguém. No meu caso, que sou prestador de serviço, a minha mão queimava com frequência. A virada de chave foi controlar a percepção do cliente, colocando-me à disposição para resolver, mas o envolvendo no problema. O cliente sempre será parte fundamental da solução. Uma informação específica, um acesso, um acompanhamento mais de perto, uma cobrança, não importa, mas colocamos o cliente para resolvermos os problemas juntos, gerando uma percepção de parceria, time e integração.

5. Diferencie sempre preço de valor. Preço é o quanto seu cliente ou parceiro paga para você. Valor é a percepção que ele tem sobre o que acabou de comprar. É de suma importância tangibilizar experiências e gerar valor para seu cliente. Aliás, gerar valor dá a possibilidade de aumentar o preço futuramente. Se você aumenta o preço sem gerar valor, está matando seu negócio. Novamente, vou trazer a referência do livro *Delivering happiness*. Seria um descuido enorme de minha parte falar de geração de valor e percepção e não citar o incrível trabalho de Tony Hsieh à frente da Zappos. Neste livro, ele dá uma aula sobre a experiência do cliente e estratégias que colaboraram para tornar a empresa uma das maiores varejistas de calçados do mundo. Este livro moveu-me a pensar e a fazer ações para distanciar preço de valor. Leitura obrigatória para qualquer profissional.

CAPÍTULO 9

♣♦♥♠

LAS VEGAS, 2022

PISE NA SUA VAIDADE, ANTES QUE VOCÊ TROPECE NELA.

(Autor desconhecido)

Sigmund Freud definiu que a nossa personalidade é constituída por três elementos que, por vezes, podem entrar em conflito: id, ego e superego. O id é a instância do prazer, que luta constantemente para a realização dos nossos instintos, sem medir as consequências. Já o superego baseia-se nos valores, na moralidade, e tenta reprimir qualquer satisfação. O ego, por sua vez, é guiado pela realidade. Ele age como um mediador, pesando custos e benefícios dos desejos do id, mas de uma forma que seja aceitável para o mundo e alinhada aos valores pessoais.

O ego, em si, não é bom e nem ruim. Mas, às vezes, ele entra num estado de exagero. Um ego inflado, por exemplo, é quando você se acha autossuficiente, superior aos outros, tem um comportamento arrogante e nenhuma empatia em relação ao ponto de vista alheio.

Portanto, a chave não é rotular o ego, mas sim desenvolver uma relação saudável com ele, cultivando a consciência de si mesmo e das nossas interações com o mundo ao nosso redor. Isso envolve reconhecer quando o ego está assumindo o controle de forma prejudicial e trabalhar para trazer equilíbrio e autenticidade às nossas vidas.

Ao longo de minha vida, já criei mais de 10 negócios, sendo que alguns faliram antes mesmo do CNPJ, outros prosperaram e os vendi e outros sigo tocando até hoje. Mas todos tiveram algo em comum, e talvez você se reconheça na mesma situação: de alguma forma, modo ou circunstância, alguém do seu círculo (parceiro, amigo ou familiar) duvida ou questiona com veemência suas chances de prosperar.

Sinceramente, se fosse apenas essa desconfiança social, seria fácil. Contudo, é preciso, ainda, transpor a barreira da burocracia, do governo, dos impostos, dos relacionamentos, do tempo de lazer e tantas outras. Nesses momentos desafiadores, sempre repeti uma frase para mim mesmo: "Ninguém disse que seria fácil, apenas que valeria a pena no final". Essa foi a motivação que me guiou durante anos, porque, além de uma carreira extremamente desafiadora, a vida de empreendedor, na grande maioria das vezes, é solitária.

Caminhando sozinho, o ego passa a ser seu fiel confidente. Depois, virão malícia, ganância, prepotência, resiliência, ambição e uma boa dose de loucura. Essas são algumas das várias qualidades e/ou defeitos encontrados em boa parte dos empreendedores brasileiros. E assim vai se formando o *playbook* de como empreender sem ser engolido pelo sistema social, político e econômico.

No final, você descobre que, antes de vencer as desconfianças, os governos e as leis, precisa vencer a si mesmo. Descobre como canalizar o ego em autoconfiança, para não desistir. O caminho para isso é formado por boas doses de constância, foco e dedicação. Como passar por todos esses momentos e desafios está mais dentro do que fora. É como você vê e aceita os desafios e as oportunidades, desenvolve-se, traça metas e se autossabota nessas metas.

O ego ajuda a passar por tudo isso. Deixa a jornada um pouco mais leve e menos traumatizante nos momentos solitários. Saber dosar e se conectar com esse traço da nossa personalidade de forma saudável é o caminho para conseguir ter sucesso profissional. Em 2022, eu não soube dosá-lo e paguei caro por isso.

OS PIORES TORNEIOS DA MINHA VIDA

Após grandes lucros e uma performance bem acima da média em 2019, em Las Vegas, não pude voltar para lá em 2020 e 2021, devido à pandemia de Covid-19. Todos sabemos como esse vírus impactou o mundo, assolou famílias e destruiu sonhos. Porém, na mesma medida, acelerou o mercado digital de um jeito que ninguém conseguiria prever.

Muitas indústrias e varejistas viram no comércio eletrônico a única maneira de se manter durante um período tão crítico. Na outra ponta, as pessoas experimentaram a comodidade e a segurança de comprar com um clique e receber produtos e serviços em casa com ainda mais facilidade e rapidez.

Para se ter uma ideia, em 2020, o faturamento do *e-commerce* no Brasil fechou em 126,4 bilhões, um crescimento de 40,56% em comparação com 2019, segundo dados da Associação Brasileira de Comércio Eletrônico (ABComm). Foi uma expansão muito significativa que se mantém no pós-pandemia, embora em uma escala menor. A projeção é continuar esse ritmo de crescimento, com o *e-commerce* movimentando cerca de R$ 280 bilhões em 2028.

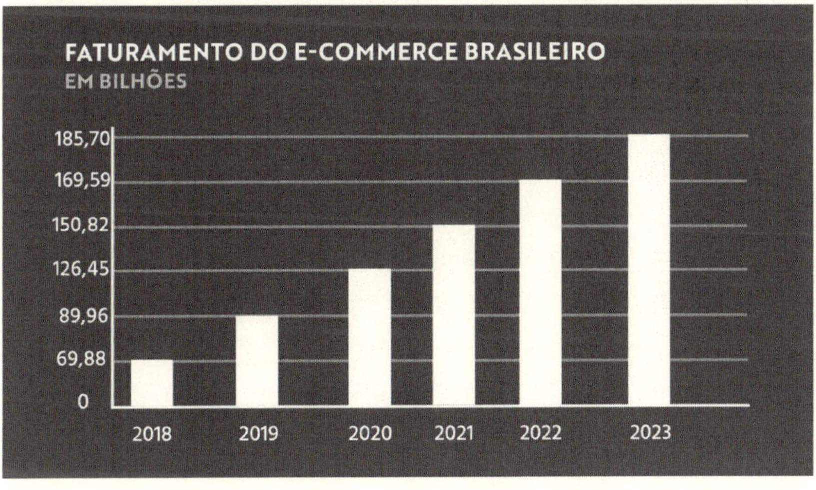

Fonte: ABComm

Como agência especializada no digital, estávamos no centro dessa situação na pandemia, apoiando as empresas em sua jornada no *e-commerce*. Em 2020, nosso faturamento aumentou 57% em relação ao ano anterior e, em 2021, crescemos mais 44%. Saímos de uma agência ainda amadurecendo para uma operação robusta e organizada. Ganhei mais dinheiro do que precisava e bem menos do que queria. Vivi experiências de transferências milionárias e trabalhei praticamente todos os dias por dois anos seguidos.

Depois desse período tão intenso, finalmente chegou, em 2022, meu momento tão esperado de jogos em Las Vegas. O sol desértico, ardido como sempre, meu quarto confortável no MGM Resort e um Leandro muito mais bem-sucedido tanto no pôquer quanto na empresa. Tudo parecia perfeito.

Foram 40 dias de férias jogando todos os dias (obrigado, meus sócios e colaboradores, que permitiram isso acontecer, além, obviamente, de minha esposa e filha, que compraram a ideia de passar 40 dias em Vegas para que eu pudesse jogar). Lembro-me de todos os detalhes, até porque tenho anotados todos os torneios e meus comentários sobre cada um deles. Jogar ao vivo dá certa flexibilidade e facilidade para fazer esses controles, devido ao volume menor de torneios jogados.

Em meio a tanta felicidade, cometi um erro grave. E atribuo boa parte desse erro a um ego extremamente inflado e desalinhado com a realidade, um sentimento de invencibilidade, prepotência, uma sensação de dever cumprido, como se o universo tivesse que me recompensar por todo o sucesso que eu havia conquistado. Como se o fato de ter feito algo e ter dado certo uma vez tivesse a obrigação universal de sempre dar certo. Quem nunca se frustrou com sentimentos assim que atire a primeira pedra.

Mais uma vez, o pôquer estava pronto para me ensinar a ser um profissional e uma pessoa melhor. Aliás, chega a ser incrível como o pôquer segue me ensinando, mesmo jogando há tanto tempo. É quase como a leitura do clássico *O pequeno príncipe*: não é sobre você ler ou não, mas quando lê, e cada vez que o lê, é diferente, porque você está diferente. Sinto o pôquer assim.

Durante os 40 dias em Las Vegas, joguei por volta de 50 torneios, que divido em três etapas para explicar o que aconteceu:

1. **Os primeiros 10 torneios**: perdi todos. Foi o primeiro choque de realidade de que a coisa não seria tão fácil quanto eu imaginava. Foram momentos em que senti o quanto o pôquer havia mudado e evoluído; tantos meses trabalhando arduamente na empresa durante a pandemia haviam feito meu jogo "enferrujar". Rapidamente, comecei a pegar as principais mãos e torneios e estudá-los no hotel, para entender onde havia errado e acertado e, assim, voltar no dia seguinte em busca da vitória;
2. **Os próximos 20 torneios**: perdi todos. Bateram o desespero e o sentimento de injustiça, algo muito parecido com o que tive no começo da empresa. Um sentimento de quem trabalha 14 horas por dia, de segunda a segunda, e não tem o resultado financeiro que espera. Nesses momentos, a tendência é – ao invés de olhar para si – culpar o exterior, o universo, o azar, o baralho ou até apelar para a religião, como já comentei nos capítulos anteriores. Eu estava desolado e não aceitava a situação.
3. **Os últimos 20 torneios**: perdi todos. Aqui, tive o maior ensinamento para meus negócios futuros e trago essa história para que sirva de exemplo para você. Como eu estava estudando no hotel, comecei os torneios jogando o pôquer que a teoria dizia ser correto e que, a longo prazo, seria vencedor. Fiz o que vamos chamar de "certo".

Fiz jogadas certas, mas elas deram errado, e depois novamente errado, e depois e depois e depois... chega uma hora em que você se questiona o que é correto, questiona a teoria, questiona a matemática. Então, fiz o que talvez qualquer ser humano em sã consciência faria: mudei a estratégia, mudei a linha, mudei o jogo (jogadores profissionais entendem e dominam isso e conseguem aceitar esses resultados sem mudar a estratégia).

Ao querer tentar o novo ou, simplesmente, na busca incansável pelo resultado, você sai do que era "teoricamente certo" e começa a fazer o que é "teoricamente errado". Quando algumas jogadas erradas "dão certo momentaneamente", você entra em uma espiral de questionar tudo. Você faz o certo e perde a maioria das mãos, e quando faz o errado ganha algumas mãos. Afinal, o que seria certo ou errado? Para mim, isso foi um desastre e acabei perdendo muito.

Frustração e decepção me abraçaram como se fôssemos um só. Perdi, em 40 dias, pouco mais de R$ 100 mil, quantia que para um jogador profissional é relativamente normal para uma temporada negativa em Las Vegas, porém está longe da minha realidade de jogo. Não quero explorar tanto o valor em si, mas o que a situação significou para mim. Tive um voo de volta para São Paulo de 20 horas para refletir sobre tudo isso.

Para ilustrar esse caso – aliás, já vivi situações similares em minhas empresas algumas vezes –, é como se você tivesse uma tabela de preços de seus produtos, serviços ou descontos máximos aplicados. Imagine que você está com um ritmo de vendas regular, porém, em determinado momento, ao avaliar um cliente, encontra uma oportunidade e decide arriscar, aumentando o valor da tabela de preços, e o cliente contrata o serviço. Bingo! Você fecha um contrato novo, com muito mais margem e escopo reduzido, e todos na empresa ficam felizes.

O grande problema é o reforço psicológico que isso gera. É necessária muita clareza de negócios e de negociação para entender que o fato de você ter precificado "erroneamente" aquela proposta só deu certo naquela única situação e não se aplica para outros clientes, pois, se continuar nesse ritmo de preços, a tendência é perder todos os próximos contratos, que estariam foram do seu Ideal Customer Profile (ICP).

Acredite: é tentador e extremamente difícil reconhecer situações como esta. Todo mundo quer vender com mais margem, ou com descontos menores, e trazer reforços positivos para esses sentimentos pode ser um jogo complicado de se ganhar.

RESPOSTA POSITIVA AO MOVIMENTO ERRADO

Quantas vezes, ao longo de tanto tempo trabalhando e construindo a empresa, tive convicção de que estava fazendo o certo, mas, por falta de algum resultado positivo, mudei o caminho. Mudamos a estratégia antes mesmo de colhermos os frutos, e depois culpamos alguém ou algo. Mais uma vez, a constância no planejamento e na execução mostra-se uma grande aliada. Diferentemente do pôquer, onde temos *software* para nos guiar, no mundo dos negócios, estar conectado constantemente com clientes, parceiros e colaboradores também pode ser a chance para entender se está no caminho certo ou não.

Aproveito para contar outra história que aconteceu comigo. Em meados de 2006, paralelamente ao meu estágio no Buscapé, criei, junto com meu amigo Eduardo e meu irmão Marcelo, uma rede social para jogadores de pôquer chamada Nice Hand. O Orkut dominava o Brasil e eu sentia falta de uma plataforma onde poderíamos falar somente sobre pôquer, ter acesso a vídeos, ferramentas de *hand review* etc. A plataforma foi um sucesso! Em menos de 4 meses, tinha mais de 3 mil jogadores cadastrados (o que, para a época, era uma quantidade altíssima).

Apesar disso, o Nice Hand não monetizava e precisávamos buscar recursos financeiros. Sabíamos que estávamos no caminho certo, mas a falta de dinheiro, às vezes, faz a visão ficar turva. Então, seguimos um caminho errado, acreditando que era o certo. Abrimos uma loja para explorar a base de jogadores que tínhamos em nossa comunidade. Vender produtos seria o primeiro passo para tornar a operação lucrativa. Assim, criamos um *e-commerce* numa época em que mal se falava de lojas virtuais, e rapidamente começamos a vender. Eu, ainda um menino sonhador, vi o dinheiro girando e entrando. Parecia muito mais promissor ter uma loja vendendo do que uma rede social sem caixa. Era o movimento errado dando sinais pontuais de sucesso que não se sustentariam.

Com isso, o foco foi totalmente direcionado para a loja. Paramos de olhar para a rede social, que acabou morrendo. E quanto à loja? Durou alguns anos, até liquidarmos todo o estoque por falta de giro, margens apertadas, logística complexa (um fichário de pôquer é algo extremamente complicado de ser enviado por correio, por exemplo), além da falta de fornecedores e importadores confiáveis (estamos falando de um período anterior a 2010).

A questão é que, ainda hoje, em pleno ano 2024, o mercado de pôquer é extremamente carente de conteúdos de qualidade, *sites* e comunidades dedicadas. O volume de jogadores explodiu, *sites* de afiliados de *softwares* de pôquer tomaram conta do mercado e uma rede social parecia uma pedida perfeita não apenas para aquela época, mas extremamente viável até para os dias de hoje.

O que fizemos em 2006 era tão visionário e disruptivo que acabei voltando para o básico e confortável achando que era o correto. Pensando hoje, conectando tudo o que aconteceu, quando fizemos as primeiras vendas, foi como se tivesse uma resposta positiva ao movimento errado, o que acabou fomentando mais ainda o erro. A falta de resultado de curto prazo me fez acreditar que a rede social era o caminho errado.

Por diversos motivos - ego inflado, crenças, falta de visão, ansiedade em ter sucesso etc. -, as perdas e as decepções levam-nos a desistir de nossos projetos ou de nós mesmos. Saber canalizar o ego e dominá-lo em prol do sucesso, questionando e entendendo a raiz de resultados positivos ou negativos, foram peças-chaves para ganhar maturidade e sair mais forte para continuar a jornada.

CAPÍTULO 10

♣♦♥♠

MAIN EVENT WSOP

O PRIMEIRO PASSO PARA CONHECER-SE É DESCONFIAR DE SI MESMO.

(Augustus Hare)

De férias da empresa, em pleno ano de 2023, já recuperado da temporada péssima em 2022, eu seguia novamente para o evento mais cobiçado de pôquer do mundo: o Main Event, que é o principal torneio realizado dentro do World Series of Poker (WSOP). Não existe um jogador no mundo que não sonhe em jogar ou alcançar uma boa posição neste torneio milionário.

O torneio conta com duração de, aproximadamente, 10 dias, com um *buy in* de US$ 10 mil dólares, e o mundo inteiro vai para Las Vegas tentar a grande chance de sucesso. Eu já havia jogado algumas vezes o Main Event, então conhecia a estrutura do torneio e sabia que tinha absolutamente tudo para ir longe: estava preparado, focado e pronto para fazer história para o pôquer brasileiro. Estava completamente recuperado da temporada anterior e havia canalizado todos os aprendizados em força para vencer. E, mais uma vez, o destino me reservava muitos aprendizados.

"*Shuffle up and deal*"[14]. Foi com essa frase que o diretor de torneios anunciou o início do Main Event. Não havia mais volta. Baralho na mesa, comecei a jogar.

Meu dia 1 foi ótimo. Tudo deu certo! Eu estava relaxado e concentrado. Joguei por cerca de 10 horas com o melhor do pôquer que conhecia. Consegui terminar o dia com 80 mil fichas, das 60 mil com que começamos, e fui dormir com aquele sentimento de dever cumprido. Faltavam mais 2 dias para "entrarmos no dinheiro" ou, na linguagem do pôquer, no **ITM**.

ITM (In The Money): a expressão significa "no dinheiro" e indica a fase do torneio em que todos os jogadores restantes (em média, de 12% a 15% dos participantes) têm uma premiação garantida.

A edição de 2023 do Main Event bateu todos os recordes possíveis. Foram 10.043 participantes, pagando US$ 12 milhões para o primeiro colocado. Do total de jogadores, cerca de 1.500 "entraram no dinheiro", garantindo um prêmio de, aproximadamente, US$ 15 mil, pouco mais de R$ 60 mil.

Era 6 de julho e me dirigi ao grande salão do cassino Paris. Cheguei à mesa para jogar meu dia 2 e tive um ótimo começo, atingindo a marca de 100 mil fichas. Tudo ia bem. Depois de cerca de cinco horas de jogo, tivemos um *dinner break*. Não me lembro do jantar, mas do que aconteceu quando o torneio reiniciou, porque comecei uma jogada que gerou muitos *insights* futuros, mas também muita dor de cabeça naquele momento.

Vou tentar explicar para que os leitores que não conhecem as regras do pôquer possam entender e acompanhar os *insights* que tirei dessa mão para a minha vida.

14. Em português: embaralhe e distribua as cartas.

Minha mão é Q de paus e Q de ouros, extremamente forte no pôquer. Sou o primeiro a falar e aumento a jogada, um jogador profissional paga e uma senhora idosa asiática na posição de Small Blind decide reaumentar. Eu estava jogando com essa senhora há algumas horas e era um dos primeiros movimentos agressivos que observava ela fazer. Não havia a menor chance de ser um blefe. Além de eu estar analisando seu jogo nas últimas horas, ela, nitidamente, estava incomodada em jogar um torneio com valor tão alto: US$ 10 mil.

MINHAS CARTAS

Uma habilidade essencial no pôquer é o que chamamos de leitura de mãos, ou seja, deduzir, num processo lógico, quais são as possíveis cartas e/ou naipes que o oponente tem. Naquele momento, fiz a seguinte leitura das mãos que aquela senhora poderia ter:

- AA;
- KK;
- QQ;
- AKo[15];
- AKs;
- AQs[16];
- JJ.

Mesmo sabendo que seria improvável minha adversária ter um QQ, uma vez que já tenho essa mão, fico pensando nas outras combinações. Imagino que AQs e JJ estão bem no limite das possi-

15. o significa offsuit, ou seja, cartas de naipes diferentes.
16. s significa suited ou cartas do mesmo naipe.

bilidades dela, então decido pagar o aumento que ela tinha feito. O jogador profissional foge da mão, ficando apenas eu e ela.

O Flop vem A48, todas as cartas de espadas. É um board péssimo para mim, considerando que meu QQ é de ouros e paus. Ou seja, se minha oponente tiver um A, já passou na minha frente, ou, se tiver alguma combinação com carta de espadas, minhas chances diminuem mais ainda, pois minha Q não é espadas.

FLOP

Mas será que foi um Flop bom para minha oponente? Ela decide dar *check* e isso demonstra duas coisas: um medo tremendo desse Flop ou uma possibilidade de armadilha para mim.

A senhora, como eu disse, estava jogando um limite muito alto e, nitidamente, estava desconfortável na cadeira, demonstrando certa rapidez em resolver logo a mão e sair daquele problema em que ela tinha nos enfiado.

Analisando a jogada
Depois do torneio, reconstruí essa jogada no *software* de pôquer, informando a exata estrutura do torneio, a mão e a quantidade de fichas que eu tinha. O *software* recomendou que, em 85,9% das vezes, o correto seria dar *check*. Vale lembrar que, no momento do torneio, não temos acesso a *softwares* ou qualquer outra ferramenta de cálculos ou probabilidades.

Voltando para a mesa de jogo, decido dar *check* também.

Com base no Flop, analiso as possíveis mãos dela, seguindo o racional que havia construído na minha cabeça:

AKo (Naipes diferentes sem o K de espadas)

A♥ K♦ | A♦ K♣ | A♣ K♥

A♥ K♣ | A♦ K♥ | A♣ K♦

JJ (Todas as combinações com ou sem o J de espadas

J♥ J♠ | J♦ J♣ | J♥ J♣

J♠ J♦ | J♦ J♥ | J♠ J♣

AKs (mesmo naipe)

A♦ K♦

A♠ K♠

A♥ K♥

AKo (Naipes diferentes, com K de espadas)

A♦ K♠

A♣ K♠

A♥ K♠

AA (sem A espadas)

A♦ A♣

A♦ A♥

A♣ A♥

AA (com A espadas)

A♠ A♣

A♠ A♥

A♠ A♦

KK (sem K espadas)

K♦ K♣

K♥ K♦

K♣ K♥

KK (com K espadas)

K♠ K♥

K♠ K♣

K♠ K♦

AQs (mesmo naipe, sem as Q que estão na minha mão)

A♥ Q♠

A♠ Q♥

QQ (sem as Q que estã na minha mão)

Q♥ Q♠

Caso você não entenda as regras do pôquer, na configuração de mãos na página anterior e ainda sem abrir as outras duas cartas comunitárias na mesa (Turn e River), a única mão que eu estaria ganhando da minha adversária são os JJ. Todas as outras opções, eu estou perdendo ou empatando - no caso de outra QQ.

A jogada seguinte é o Turn, que vem com um 2 de espadas, completando 4 cartas de espadas no *board*. Caso minha oponente tenha alguma carta de espadas na mão, ela terá feito um **Flush**, ou seja, se antes as chances de eu estar ganhando já eram baixas, agora ela poderia ter um JJ (com J de espadas) e ter completado cinco cartas do mesmo naipe.

TURN

Flush: é a combinação de cinco cartas do mesmo naipe, considerada uma mão forte no pôquer.

Então, para minha surpresa, ela decide novamente dar *check*, mostrando ainda mais fraqueza e receio. Neste momento, com dois *checks* seguidos, entendo e excluo todas as opções de armadilhas que ela poderia estar planejando, concluindo que a combinação de cartas no Flop e no Turn também não tinha sido boa para ela.

Continuo analisando as possíveis combinações de mãos e já imagino que, após o duplo check dela, preciso excluir o A de espadas, o K de espadas e a Q de espadas. Ou seja, em minha cabeça, o racional era que ela ainda poderia ter:

- KK (sem o K de espadas): possivelmente, ela tem essa mão

- JJ (sem o J de espadas): é uma mão possível, mas, dentro das opções, é a pior que ela poderia ter. Neste caso, poderia até ser com o J de espadas ou sem ele, mas, na maioria das vezes, sem o J de espadas, considerando a passividade e o medo que ela demonstra.

Todas as outras combinações de mãos, eu acabei excluindo. Explico abaixo os motivos:

- AA (com o A de espadas): não é provável que ela tenha essa mão, senão teria apostado no Turn;
- AA (sem o A de espadas): não é provável que ela tenha essa mão, senão teria apostado no Flop;
- AKo (com o K sendo de espadas): não é provável que ela tenha essa mão, senão teria apostado no Turn ou no Flop;
- AKo (sem o K de espadas): não é provável que ela tenha essa mão, senão teria apostado no Flop por proteção;
- AKs: não é provável que ela tenha essa mão, senão teria apostado no Flop por proteção;
- AQs: não é provável que ela tenha essa mão, senão teria apostado no Flop por proteção;
- KK (com o K de espadas): não é provável que ela tenha essa mão, senão teria apostado no Turn;
- QQ: não é provável que ela tenha essa mão, senão teria apostado no Turn, considerando que a única combinação que sobraria para ela de QQ é a Q de espadas e a de copas.

Vale comentar, novamente, que só consegui ter essa clareza sobre a leitura de possíveis mãos dela no momento daquela jogada, considerando que é uma jogadora conservadora, passiva e nitidamente jogando um limite muito alto. Em qualquer outro estilo de jogador, seria bem menos claro perceber as opções possíveis de mãos.

Diante das possibilidades de mãos dela e dessas conclusões, eu estou perdendo em todos os casos, exceto um raro JJ sem espadas. Portanto, resta uma opção contra o perfil conservador da senhora: decido apostar alto. Hora de blefar! Pego uma pilha grande de fichas e aposto. Meu sangue acelera, a emoção domina meu corpo e meu coração dispara.

Analisando a jogada
Neste Turn, qual deveria ter sido minha reação mediante o check da minha adversária? A recomendação do software de pôquer é que existia uma tendência de aposta, sim, em 62% dos casos.

Ela pensa, pensa, pensa... E, como se odiasse o que estava fazendo, ela paga. Nessa hora, tive certeza de que minha leitura explanada acima estava correta: ela tinha KK ou JJ sem espadas. Num cenário de KK, eu estaria perdendo feio e deixando US$ 10 mil dólares escorrerem de minha mão; com JJ, eu ganharia o pote, quase 170 mil fichas.

O River vem um 3 de copas. Ela, novamente, em um sinal de medo e extremo desconforto, decide dar mesa (ou check).

RIVER

Então, eu preciso tomar uma decisão extremamente importante. Uma decisão que custa US$ 10 mil dólares. As chances de ser um

KK sem espadas eram enormes, como listei acima. Mas existia uma mínima chance de ser JJ (sem espadas). Um caminho seria blefar e garantir a vitória, independentemente da mão dela; outro era ter uma postura conservadora e torcer para ser JJ.

Mas, analisando friamente, a chance de ser JJ era muito baixa - e eu sabia disso. Não teria por que também ser conservador se o resultado estava óbvio (e esse resultado óbvio me desfavorece). Ser conservador é uma coisa, ser louco e ignorar os sinais é outra. As chances da minha adversária ter o KK são altíssimas, como eu estava prevendo, e isso quer dizer que minha derrota estava perto de acontecer, a não ser que eu blefasse e ela fugisse.

Além do blefe, existia uma outra forma de ganhar: se ela tivesse JJ. No fundo, enquanto pensava na mão e todos da mesa me olhavam, ansiosos, esperando minha ação, fui me autossabotando e duvidando de mim mesmo e do racional construído.

Analisando a jogada
Eu sabia a matemática que estava por trás de toda a jogada. Checando depois, no software, confirmei o que já estava claro na minha cabeça naquele momento: em mais de 70% das vezes nessa situação, precisaria dar all in, ou seja, apostar todas as minhas fichas e colocar toda a pressão em cima dela, não importando se ela tivesse um JJ ou KK.

Pensei, pensei, pensei... E me deixei dominar pelo receio de cair de um torneio tão importante dessa forma. Todas as qualidades e defeitos que estava julgando em minha oponente – conservadora, com medo do jogo e desconfortável no torneio – me dominaram também. Fui engolido pelo meu próprio medo e julgamento.

Dei mesa, esperando um JJ.

Ela abriu K de copas e K de paus. Exatamente como previ desde o começo da mão: KK sem espadas, uma mão extremamente fácil de se ler e jogar contra, desde que você faça o certo.

Quando abri meu QQ, ela gritou no salão do cassino, em um inglês mal compreendido, ecoando na minha consciência: "Estava morrendo de medo. Este A e todas essas cartas de espadas me complicaram muito. Estava rezando para você não apostar".

Enquanto ela recolhia minhas fichas, eu, anestesiado, tentava entender por que tinha tanta clareza da mão dela e simplesmente não consegui fazer o que era preciso. Perdi a mão, ficando numa situação péssima no restante do torneio.

Fim da jogada e fim do torneio para mim. Restaram-me algumas poucas fichas após essa mão, que não foram suficientes para recuperar meu jogo, e acabei sendo eliminado por completo alguns minutos depois.

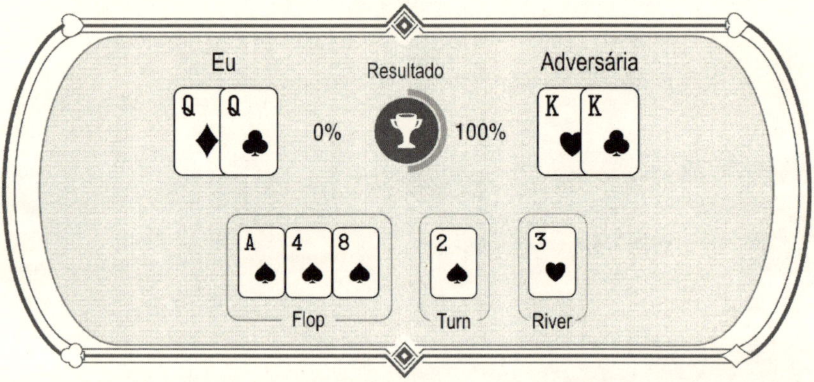

LIÇÕES VALIOSAS

Eu digeri essa mão por alguns dias. Apesar de ter perdido minhas fichas, ganhei bons ensinamentos para a vida, como sempre.

1. CONFIE EM VOCÊ

Não é somente sobre estudar, mas sim sobre ter a coragem de seguir o que aprendeu. Muitas vezes, ficamos com medo do fracasso e a ideia do erro consome nossa mente diante de um grande passo. A verdade é que eu estava morrendo de medo de cair de um torneio importante, estava com medo de jogar errado e amargurar isso por anos. Eu sabia o que era o certo, tinha estudado para isso. Mas, ainda assim, não o fiz, não joguei como deveria e como sabia.

Quantas vezes na vida te faltou confiança para dar um passo que você tem certeza de que seria o correto?

Na empresa, foram diversas as vezes em que precisei ter coragem de seguir o que acredito e o que estudo diariamente dos números financeiros e de performance. Ocasiões como aprovar contratos abaixo do tíquete mínimo, aceitar serviços *pro bono* ou gratuitos para parceiros ou, ainda, evitar desligamentos de colaboradores, mesmo diante de indicadores de performance bem abaixo do necessário, simplesmente porque tinha convicção de que era o certo a se fazer. Conseguia ter uma visão sistêmica para me munir de informações e confiança e tomar a decisão. Na grande maioria das vezes, pude observar que foram movimentos corretos.

Às vezes, só precisamos de um pouco de confiança para aplicar tudo o que sabemos.

2. NÃO É SOBRE O RESULTADO. É SOBRE CONHECER O PROCESSO

Um fato curioso é que, ainda que eu fizesse o que a teoria manda, analisando agora, poderia tranquilamente perder fazendo a jogada correta. E isso é o que faz com que o ensinamento seja ainda mais relevante.

O *software* de pôquer indica, por exemplo, que com a mão de K de copas e K de paus, diante uma aposta de All in no River, minha oponente deveria pagar (ou dar call) em 51,9 % das vezes e fugir (dar fold) em 48,1%. Isso é teoria. Adoraria ter apostado todas as minhas fichas e tê-la deixado tomar essa decisão. No fundo, eu sabia que esses 48,1% virariam facilmente 100%, ela teria fugido e ainda culparia o azar, o destino ou a cor da blusa por ter virado quatro cartas de espadas e perdido.

Existe uma máxima no pôquer de não ser *result oriented*, ou seja, não se deixe levar ou se orientar pelo resultado da mão. O processo, o cálculo, o fato de ter feito o correto diante da necessidade são mais importantes que o resultado. Isso também faz toda a diferença quando analisamos negócios.

Vejo empresários guiando-se e moldando suas organizações com base no resultado de uma ação isolada, e isso pode ser um erro fatal. Basta lembrar minha experiência em Vegas, em 2022, quando comecei a mudar o estilo de jogo porque estava me baseando no resultado, e não no processo. Confie no processo e acredite: resultado é consequência.

É comum termos o desafio e a vontade de ganhar – seja você extremamente competitivo, seja apenas um entusiasta que gosta de observar. O ponto é que, quando nos descolamos dessa realidade do resultado, sem ser *result oriented*, passamos a olhar o processo. A vida fica mais leve, as decisões ficam mais claras e o aprendizado, mais evidente.

Vivemos em uma sociedade capitalista em que, desde que nascemos, somos ensinados que "resultados importam, sim" e que "ser o segundo não é o bastante". Nosso ícone brasileiro Ayrton Senna uma vez disse: "O segundo nada mais é do que o primeiro dos perdedores".

Como convencer essa sociedade a não tomar medidas e ações com base em resultados de curto prazo ou, ainda, em alguns casos, desconsiderar completamente os resultados e apenas confiar no processo? Não é fácil, não é assim que fomos ensinados por nossos familiares e, muito menos, educados em nossas escolas. Diariamente, somos munidos de informações, números e cobranças sociais e econômicas que nos mostram o contrário.

Boa sorte em tentar! Eu tento todos os dias e estou longe de conseguir dominar 100% esse processo. Mas tem sido extremamente importante, mais leve e estratégico para mim e para minhas empresas aplicar esses conceitos no dia a dia, ainda que exista uma cobrança pessoal e cultural em cima de resultado e performance de curto prazo.

3. MAPAS SÃO ÓTIMOS, MAS NÃO SÃO TUDO

Existe uma frase usada pelo Exército canadense que diz: "Se houver disparidade entre mapa e terreno, fique sempre com o terreno".

Por exemplo, se um soldado deve seguir as instruções do mapa – que informa que, em 20 metros, haverá um rio que ele deve nadar e atravessar –, mas, ao chegar ao local indicado, repara que o rio está completamente seco, sem qualquer sinal de água, ele deve nadar ou caminhar? Ou seja, a natureza do que estamos vendo e vivendo deve contribuir para adaptar os planos que fizemos no passado.

Parece óbvio, eu sei, mas não consigo nem colocar em números a quantidade de vezes em que vi empresários tomando direções erradas, julgamentos e conclusões precipitadas porque estavam "cegos", olhando mapas que criaram no passado, iludidos com uma visão que só existia no mapa. É mais fácil ignorar a realidade do que confrontá-la.

Um ótimo exemplo disso são *forecast* de resultados. Muitas vezes, vi previsões de resultados mensais, semestrais e anuais sendo feitas que, num primeiro momento, pareciam plausíveis e coerentes; porém, no decorrer das ações, aquela previsão deixava de fazer sentido. Mas, por vários motivos, as pessoas veem-se "nadando em um rio que não existe", ou seja, realizando e tentando coisas quase impossíveis diante de uma realidade completamente diferente da projetada para atingir um planejamento pensado e realizado sob condições completamente diversas.

Lembro-me de um caso na Yooper, quando atendemos um grande varejista de autopeças. Após o planejamento, começamos uma larga campanha promocional, que duraria um mês. Porém, apenas alguns dias depois do início dela, as vendas estavam mais de 50% abaixo do esperado. Tudo o que planejamos em termos de KPIs estava abaixo do previsto e, durante muitos dias, eu, pessoalmente, passei a analisar indicador por indicador junto com meu time, para tentar encontrar os motivos da baixa performance. Obviamente, o cliente queria e esperava tais resultados que planejamos juntos.

Até conseguimos melhorar os números, mas nunca chegamos perto do previsto ou de entender as causas naquele momento. Por isso, por muito tempo, questionei as projeções: havíamos criado um "mapa" fora da realidade? Lembro-me do gosto da frustração de errar tanto um *forecast* que deveria ser claro e plausível.

Alguns meses depois, com esse caso já superado, em uma reunião com o time do Mercado Livre, em que tive o prazer de palestrar para um grupo de lojistas, em uma conversa informal, fui informado de que o Mercado Livre estava com algumas ações para categorias específicas, entre elas autopeças. A verba de marketing havia triplicado nesta categoria há alguns meses (justamente quando estávamos rodando com as campanhas do meu cliente), além de subsídios de promoções e outros benefícios para o comprador. Era a resposta de que eu precisava para entender por que o mapa que desenhei com o cliente havia sido tão errado. Com uma expressividade tão grande da concorrência, uma verba triplicada e condições melhores de compras, meu cliente, que competia diretamente na categoria, foi impactado severamente. O rio havia secado e o mapa já não servia mais.

A verdade é que nada que eu pudesse fazer ou saber mudaria a trajetória dos resultados naquele mês, porém, entender o cenário, adaptar os números e as estratégias sob essa nova realidade teria sido algo que salvaria parte do investimento e, obviamente, evitaria muitos atritos que vivi naquele período.

Portanto, não tenha medo do número ou de debatê-lo, mesmo que não saiba a resposta. Você não precisa sempre saber por que o rio secou, precisa apenas saber ver se ele ainda existe ou não. Confie na realidade e nas análises atuais do agora. Refazer *forecast* ou repensar mapas não são sinais de fraqueza. Fraqueza é querer nadar em um rio que não existe. E, infelizmente, tem louco para tudo.

CAPÍTULO 11

GESTÃO DE BANCA

"O AMIGO DEVE SER COMO O DINHEIRO, CUJO VALOR JÁ CONHECEMOS ANTES DE TERMOS NECESSIDADE DELE."

Sócrates

Um dos temas mais estudados pelos jogadores de pôquer é a gestão e o controle de banca, ou seja, como gerenciar seus resultados, caixa para o jogo, retiradas para pagar as contas mensais e perdas. Sabe aquele conceito básico do empreendedor que acabou de criar seu negócio para quem todos falam: "Nunca misture suas contas pessoais com as da empresa?". No pôquer é um pouco mais difícil, mas extremamente importante também.

Neste capítulo, vou direto ao ponto para mostrar algumas técnicas que os jogadores usam para controlar melhor suas perdas e ganhos e passar por *downswings*. São estratégias que podem ser facilmente adaptadas aos negócios.

DEFINA UM ORÇAMENTO

Trabalhe com um *budget* claro e definido. Se você não tiver um orçamento pré-estabelecido pode se frustrar querendo reduzi-lo antes de colher resultados, ou ainda querer ser muito agressivo sem necessidade ou condições.

Seja em uma área ou em um novo projeto da empresa, o melhor cenário é ter um orçamento atrelado a uma expectativa de resultado de médio ou longo prazo (EV positivo). Por quê? Para evitar que de uma hora para outra você corte o *budget*, porque passou por alguns meses ruins; ou aumente demais a verba, porque teve um ou dois meses acima da média.

Todo começo de ano me reúno com o time financeiro de minhas empresas para definirmos a verba orçamentária para as mais variadas áreas. O grande problema é que após definirmos e iniciarmos de fato o ano fiscal somos assolados por um *churn* alto e por uma variância normal do mercado ao longo do primeiro *quarter* (de janeiro a março é o período em que historicamente temos as maiores taxas de *churn* de clientes).

O que acontece em um cenário onde não temos um *budget* claro? Nosso primeiro instinto é reduzir a verba de investimentos. Por isso, tudo que falamos aqui ao longo do livro se faz muito importante e necessário quanto à clareza de EV. Ter um orçamento claro e justo, bem pensado e projetado para atingir seus objetivos é o meio mais indicado para justamente não precisar diminuir seu orçamento mediante um problema.

Lendo a frase acima, você deve estar pensando na contradição que é no capítulo anterior termos falado da importância de não se deixar guiar exclusivamente por mapas e saber analisar o "agora" e da importância de saber o EV futuro, e neste capítulo destacarmos que é fundamental definir um orçamento e não alterá-lo mediante frustrações iniciais.

Para elucidar alguns pontos e esclarecer dúvidas, criei o seguinte mapa mental, ou uma espécie de diagrama, para ajudar a guiar suas decisões mediante um problema de caixa ou baixa performance.

Diagrama de EV x *Budget*

Problemas de caixa ou performance abaixo do esperado

Tem EV Positivo?

Sim	Não	Não sei
	Porque está fazendo então? Vamos considerar que é por outra estratégia ou benefício.	Cenário bem comum na maioria dos casos.
Tem *budget* claro e definido?	**Tem *budget* claro e definido?**	**Tem *budget* claro e definido?**
✓ Sim. Mantenha essa estratégia e apenas tente cruzar o tempo esperado do EV virar positivo com o *budget* que possui. Os dois indicadores precisam conversar para você exercer o EV. Esta é uma ótima situação que mostra que se basear por mapas/*forecasts* pode funcionar ainda que eles não estejam desempenhando bem.	✓ Ótimo. Considerando que não tem EV mas tem *budget* definido, você só precisa ter clareza dos objetivos adicionais que esses investimentos de EV negativo estão te gerando e a qual custo. Criar uma matriz de esforço *x* impacto pode ajudar bastante. Neste caso, se orientar por mapas/*forecasts* ponderando sempre pela visão do agora é a recomendação principal.	✓ Sim. Pelo fato de não saber o EV, você tem a obrigação de ter clareza nos investimentos para não perder a mão ou tomar decisões erradas. Neste caso, gaste energia e tempo definindo seus mapas/*forecasts* e vá ajustando de acordo com os indicadores atuais, sempre buscando a resposta do EV e entendendo como ele se comporta mediante as alterações do agora.
✗ Não. Pare e defina o orçamento. Mesmo com EV positivo, você precisa entender o *break even* em que o EV deixa de ser negativo e passa a gerar margem. Este é um cenário onde se basear por mapas ou *forecasts* cegamente sem analisar o agora pode prejudicá-lo demais.	✗ Volte e comece o diagrama novamente.	✗ Não. Hora de abrir a planilha e definir o orçamento. Se você não sabe se tem EV e não tem claro, então está se guiando somente pelo agora. Já vi casos de empresas que agiram dessa forma e deram certo, mas a grande maioria erra por uma variância básica de estar a todo momento no risco e no limite.

ESTABELEÇA LIMITES

É fundamental entender os limites e o quanto você está disposto a arriscar em cada investimento, seja algo pessoal, como uma nova graduação, seja um investimento empresarial, como um novo produto, ou, ainda, uma nova empresa. No pôquer, uma regra bem comum é não arriscar mais do que 1% a 2% de sua banca inteira em um único torneio. Ou seja, se você possui US$ 1 mil na conta para jogar, o torneio não deveria custar mais do que US$ 20 dólares (US$1000 x 2%). Essa regra considera a taxa média de In the Money (ITM) e o volume de torneios que você deveria jogar para conquistar resultados. Dessa forma, seu risco seria minimizado, mesmo levando em conta a variância e as probabilidades.

Na verdade, isso nada mais é do que uma análise de *payback* simples, indicador que mostra o tempo de retorno de um investimento em um projeto ou negócio. Essa métrica é fundamental para analisar se um investimento é viável ou não, ajudando a fazer a alocação de recursos e encontrando seu EV. Quando você aplica a visão de *payback* em seus investimentos, no pôquer ou nos negócios, fica muito mais fácil tomar decisões para expandir ou retrair seus limites.

Antes de abrir uma área, um produto ou até a compra de um bem pessoal, tenha a visão de *payback* atrelada. Em quanto tempo esse investimento irá se pagar e em quais condições? Respostas simples como essa são importantes para diminuir seus riscos.

Acredite em mim quando digo que, ainda que básico, poucos empreendedores conseguem responder e se apegar a respostas como essas. Lembre-se de que é mais fácil fugir da pergunta ou terceirizar a culpa em algum outro fator externo do que se comprometer com o resultado.

EVITE MUDANÇAS DE ROTA SE NÃO ESTIVER CONFORTÁVEL

Pense em um jogador que joga uma *average buy in* (média paga em inscrições para entrar nos torneios) de US$ 50 e decide subir para

US$ 100, ou seja, decide ir para jogos mais caros, com prêmios maiores, porém, com adversários proporcionalmente melhores também.

Esse é um movimento extremamente comum no pôquer e exige uma disciplina enorme, pois, como falamos, o jogador estará suscetível a uma variância natural do jogo, além de enfrentar adversários mais fortes. Muitas vezes, esses dois fatores intercalam-se e dificultam ainda mais a análise.

Neste exemplo, se o jogador aumentasse seu *average buy in* e começasse a perder ou performar abaixo do esperado, ele precisaria ter muita disciplina para identificar rapidamente se é variância (e, se fosse, ele deveria continuar jogando tranquilamente) ou se é o jogo dele que caiu de qualidade devido à melhora dos oponentes (neste caso, recomenda-se baixar o *buy in).*

Conseguimos aplicar esse exemplo nos mais variados cenários da vida empresarial ou pessoal – comprar uma casa, um carro, alterar o tíquete médio dos produtos ou serviços que sua empresa ou área comercializa ou, ainda, aumentar a verba de marketing de uma campanha. Tudo passa por estar confortável com o momento em que você está hoje para conseguir dar um passo mais seguro e claro sobre aonde quer chegar com esse movimento. Lembre-se: se você não sabe aonde quer chegar, qualquer caminho servirá.

GESTÃO DE BANCA E A IMPORTÂNCIA DO LTV

O Lifetime Value (LTV) ou Valor do Tempo de Vida do Cliente é uma métrica que estima o valor total que um cliente traz ao longo do tempo em que permanece comprando da empresa. O LTV leva em conta todos os ganhos gerados pelo cliente, como compras, renovações e *upgrades*, entre outros, subtraindo os custos relacionados ao atendimento e à retenção desse cliente. Esta é uma ferramenta importante para as empresas entenderem o valor a longo prazo de seus clientes e direcionarem estratégias de retenção e aquisição.

Podemos aplicar o LTV para entendimento de escala futura de um torneio específico ou em visões mais macro, como a carreira ou uma determinada fase de um jogador. Nos negócios, o LTV é uma ferramenta poderosa para correlacionar estratégias com momentos certos da vida daquele consumidor ou cliente com sua marca.

CICLO DE VIDA DO CLIENTE

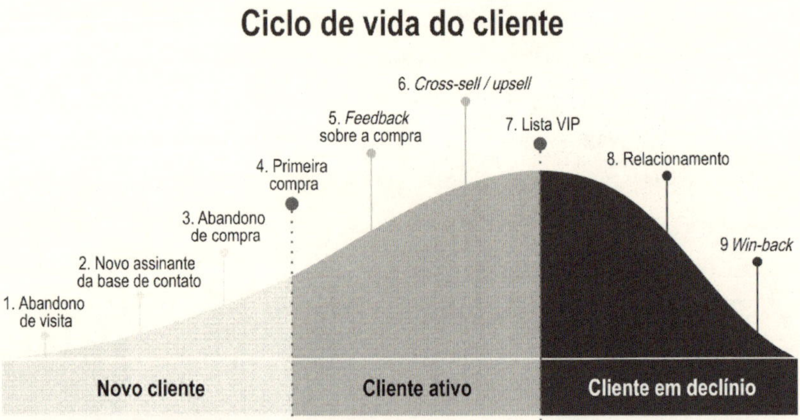

Novo cliente

Esta é a etapa onde o cliente ainda está em uma fase de decisão. Oportunidades como estímulos para a primeira conversão ou tratativas de desistências, por exemplo, podem funcionar muito bem. É por isso que tantas operações, desde e-commerce até grandes lojas físicas, investem em suporte para o cliente, *chatbot* para dúvidas e ferramentas avançadas de conversão.

Detalhes:

1. O famoso "Estou apenas olhando".
2. "Não quero comprar, mas quero ficar conectado com as notícias e informações"; "Me avise de novidades".
3. "Pensei em comprar, mas desisti"; "Não estou seguro ainda".
4. Ansiedade e expectativas: "Comprei e estou animado com o que vou receber".

Cliente ativo

Nesta etapa, o possível *prospect* já é seu cliente e está na fase madura do ciclo de vida dele com sua marca. Investir em *feedbacks* e estratégias de *cross-sell* e *upsell* é um caminho para rentabilizar mais ainda esse consumidor na melhor fase dele com a sua operação.

Detalhes:

5. Hora de falar e ter escuta ativa. "Se for bom vou indicar para amigos; se for ruim, vou falar pra todo mundo".
6. "Gosto do que tenho e confio na marca"; "Estou aberto para conhecer mais outros produtos e serviços".
7. "Sou fiel à marca, nada mais justo que a marca me faça sentir especial"; "Sou realmente valorizado pela marca?".

Cliente em declínio

Etapa de declínio da vida útil do consumidor. Ele está trocando sua marca por outra que se encaixe e converse melhor com o momento de vida dele.
Adote estratégias como explorar relacionamento mais próximo para entender as novas necessidades ou estímulos de *Win-Back* (recuperar o cliente por meio de promoções ou incentivos)

Detalhes:

8. Relacionamento: "Penso em mudar e conhecer outras marcas"; "Estou com outras necessidade e vontades."
9. "Gosto de outras marcas e consumo produtos e serviços de outros lugares, mas estou aberto a voltar se for atrativo ou se fizer sentido para mim".

Entender o LTV te ajudará a ter uma melhor gestão de banca, seja no pôquer ou, obviamente, nos negócios.

O cálculo do LTV pode variar, dependendo do modelo de negócio, mas aqui está uma fórmula simplificada para um contexto de assinatura ou recorrência:

Fórmula básica para calcular LTV:

$$LTV = ARPU \times 1/\textit{Churn Rate}$$

Onde:

- *Average Revenue Per User* (ARPU): receita média gerada por cliente em um período específico (por exemplo, receita mensal por cliente). Calcule dividindo a receita total pelo número total de clientes em um período específico;
- *Churn Rate*: taxa de cancelamento ou evasão dos clientes. É a proporção de clientes que deixam de ser clientes durante um período específico. Calcule dividindo o número de clientes que cancelaram ou saíram pelo número total de clientes no início do período.

Exemplo:

Se uma empresa tem 100 clientes no início do mês, ganha US$ 10 mil de receita desse grupo e perde 10 clientes durante o mesmo período:

- ARPU: 10.000 / 100 = US$ 100 por cliente;
- *Churn Rate*: 10 / 100 = 0,10 (ou 10%).

Portanto, o LTV seria:

LTV = 100 × 1/0,10 = 1.000 dólares

Essa fórmula básica supõe que a receita gerada por cliente permanece constante e que os custos não estão incluídos. Para cálculos mais avançados, você também pode considerar a margem de lucro, o desconto para ajustar fluxos de caixa futuros e outros custos relacionados ao atendimento e à retenção.

Quando falamos de gestão financeira ou, simplesmente, gestão de banca, existe um problema maior do que mudar rotas ou aumentar despesas sem estar confortável. É quando você faz um movimento não calculado ou "errado" e tem um reforço positivo para tal, criando a falsa ilusão de que foi um movimento correto, conforme já falamos aqui, nos capítulos anteriores.

Para ilustrar esse tipo de situação, criei um exemplo para mostrar o impacto do LTV na gestão de banca.

Vamos imaginar um cenário de uma pizzaria com um tíquete médio de R$100, que atende um perfil de cliente X, porém está com problemas de caixa e não consegue encontrar o equilíbrio entre volume x rentabilidade. Após uma análise, o dono da pizzaria entende que o problema pode estar no preço. Logo, passa o tíquete médio de R$ 100 para R$ 125, aumentando em 25% o preço final ao consumidor.

Em uma base de clientes ativos que já consomem e entendem a qualidade de suas pizzas, encontraremos o seguinte cenário:

Mês	**Preço**	**Média de clientes/ mês**	**Pedidos por Cliente/ mês**	**Pedidos totais**	**Tíquete médio (R$)**	**Faturamento esperado (R$)**	***Churn Rate****	**Taxa de novos clientes****
1	Antigo	500	1,8	900	100,00	90.000,00	2%	2,50%
2	Antigo	503	1,8	905	100,00	90.450,00	2%	2,50%
3	Antigo	505	1,8	909	100,00	90.902,25	2%	2,50%
4	Novo	508	1,6	812	125,00	101.507,51	2%	1,00%
5	Novo	502	1,6	804	125,00	100.492,44	2%	1,00%
6	Novo	497	1,6	796	125,00	99.487,51	2%	1,00%

*Consumidores declinando mensalmente a marca.

**Consumidores novos aderindo à marca.

Fonte: Elaborado pelo autor, 2024.

Repare como, no primeiro mês do preço novo (mês 4), o volume de clientes aumenta e o faturamento salta de R$ 90.902,25 para R$ 101.507,51. Isso possivelmente aconteceria, pois é uma base de clientes que conhece e reconhece a qualidade do produto e não teria porque declinar a marca. Assim, o *Churn Rate* segue o padrão de 2% a todo momento, respeitando o tempo de vida do consumidor.

Quando olhamos de forma mais ampla essa janela de seis meses, sendo três meses trabalhando com preço antigo e três meses com preço novo, entendemos que o movimento foi assertivo e preciso. Há grandes motivos para comemorar, afinal, o faturamento aumentou 10% em apenas seis meses, passando de R$ 90 mil para R$ 99.487,51 mil sem alterar custos de estrutura (Capex) ou custos operacionais (Opex).

O problema não está nos meses posteriores ao aumento, mas no tempo e no valor de vida da base ativa ou LTV. Dois indicadores cruciais que esta pizzaria precisaria cruzar para entender a precificação seriam:

- **Pedidos por cliente**: em nosso exemplo acima, simulamos que o preço está mais caro e pode-se esperar uma redução na taxa de recompra. Simulamos também uma queda de 1.8 para 1.6;
- **Taxa de novos consumidores**: este é o divisor de águas entre uma estratégia de aumento de preço bem-sucedida e uma extremamente mal realizada. Quando o consumidor do perfil X, que já está acostumado com a qualidade do produto, começar a abandonar a marca por motivos naturais de ciclo de vida, esta pizzaria precisará trazer mais clientes. Porém, o consumidor que paga um tíquete de R$ 125 não é o perfil X (o antigo), e sim o perfil Y (o novo). São pessoas com expectativas e necessidades diferentes e, possivelmente, um Custo de Aquisição de Cliente (CAC) também maior, se considerarmos fatores como marketing. Isso significa que, se a pizzaria errar neste

indicador, terá favorecido um aumento do faturamento de 10% nos primeiros meses, gerando a falsa ilusão de sucesso e estratégia assertiva; porém, devido ao ciclo de vida do consumidor e a uma relação negativa de *Churn* x Novos Consumidores com um LTV em queda, o futuro desse negócio passa a ser, possivelmente, negativo.

Na tabela a seguir, temos uma simulação dos indicadores num horizonte maior, de três anos, com uma comparação entre o primeiro *quarter* de cada ano.

Ano	Preço	Média de clientes/ mês	Pedidos por clientes/ mês	Pedidos totais	Tíquete Médio (R$)	Faturamento esperado (R$)	*Churn Rate**	Taxa de novos clientes**
Q1 Ano 1	Antigo	1.508	1,80	2.714	100,00	271.352,25	2,00%	2,50%
Q1 Ano 2	Novo	1.377	1,60	2.203	125,00	275.414,00	2,00%	1,00%
Q1 Ano 3	Novo	1.221	1,60	1.953	125,00	244.122,80	2,00%	1,00%

*Consumidores declinando mensalmente a marca.

**Consumidores novos aderindo a marca.

Fonte: Elaborado pelo autor, 2024.

Repare como o ano 2 ainda cria essa sensação de sucesso, afinal, há uma menor quantidade de pedidos para um faturamento maior, ou seja, a pizzaria terá maior margem de lucro. No entanto, conforme o tempo passa, essa balança pesa para um futuro em que o LTV do consumidor e a relação de *Churn* x Novos Consumidores assume proporções maiores. Neste caso, o Q1 do Ano 3 dessa operação teria um faturamento de R$ 244 mil, contra R$ 271 mil no ano 1, o que representa uma queda de 9,9%, além de uma queda de 19% dos pedidos. Voltamos à famosa balança de rentabilidade x escala.

A verdade é que não existe certo ou errado. Seja você dono de uma pizzaria, um varejista ou um prestador de serviços, o segredo está em entender essa relação e questionar seus indicadores no longo prazo. Isso, sim, será fundamental para entender se fez um movimento correto ou não. Às vezes, o ideal será aumentar ainda mais o tíquete; às vezes, será reduzir. Como não há um caminho perfeito, será necessário tabular tudo e analisar. Infelizmente, não é fácil chegar a essa resposta.

Em minha empresa, por exemplo, quando começamos a vender contratos focados em grandes companhias, aconteceu exatamente o que comentei no caso do exemplo hipotético da pizzaria. Subimos o tíquete, fizemos uma venda e sentimos o gosto doce de um contrato com margem extremamente saudável e volume financeiro alto. Ao longo dos meses, fomos aprendendo e estruturando nossa operação para atendermos às expectativas e necessidades daquele perfil de cliente. Conclusão: descobrimos rápido que a margem não era tão boa assim, diante de tudo o que precisávamos mudar e nos adaptar, e o volume financeiro, por melhor que fosse, não tinha um EV tão positivo para a operação. A partir dessa visão, começamos a ajustar estrutura de vendas, precificação e entregáveis operacionais para encaixar nessa relação de LTV x *Churn* x Faturamento/Lucratividade Esperada.

GERENCIE SUAS PERDAS E LUCROS

Esse assunto exige seriedade. Normalmente, empreendedores são apaixonados e focados em seu *core business* e, por isso, têm vasto conhecimento sobre o produto ou o serviço que ofertam ao mercado. No entanto, a falta de gestão financeira ou conhecimento de conceitos básicos de economia, previsibilidade financeira e/ou fiscal pode impactar diretamente o sucesso a longo prazo.

No curto prazo, o que determinará os resultados positivos de seu negócio está diretamente atrelado à capacidade de gestão técnica e operacional do produto ou serviço oferecido. Ou seja, em fases iniciais da empresa, o que realmente fará a diferença para seu sucesso são a entrega e a formação operacional, desde processos até o *know-how* sobre o mercado, necessidades e expectativas dos clientes e a qualidade dos entregáveis.

No médio ou longo prazo, a continuidade do sucesso estará vinculada à gestão de recursos financeiros e/ou fiscais. Você pode até terceirizar ou contratar um time de especialistas para cuidar disso, mas saiba que é uma parte vital do negócio, com impactos na perpetuidade dos resultados positivos. O sucesso da empresa está na integração entre qualidade operacional e qualidade financeira, portanto, considere estudar e debater com seu time aspectos como:

- Regime Tributário (Lucro Real, Presumido ou Simples Nacional): qual o melhor modelo para sua operação e em que fase efetuar uma migração? Você não precisa conhecer as leis e seus detalhes, mas precisa saber fazer as perguntas certas para adequar-se aos impostos dentro de uma estrutura empresarial saudável;
- Análise da Demonstração do Resultado do Exercício (DRE): é importante saber olhar a DRE e se adaptar dentro de um padrão de mercado e análises. Assim, você conseguirá cruzar seus indicadores com os de outras empresas também;
- Centros de custos: saber onde alocar cada valor pago ou recebido é de suma importância para ter uma análise detalhada da performance futura. Gaste tempo e energia sobre quais centros de custos você deve criar ou excluir.

Esses e tantos outros conhecimentos e habilidades devem ser estimulados ao longo do crescimento de sua carreira profissional. Mas lembre-se de que a chave para isso é a performance. Um exemplo associado ao pôquer é o caso de um jogador iniciante. Ainda que ele seja um administrador nato, com habilidades únicas de gestão de banca e caixa, isso não fará com que tenha sucesso se não dominar inicialmente o jogo, porcentagens e especificidades. Porém, uma vez que este jogador domina o jogo, suas chances de sucesso aumentam bastante e, naturalmente, ele precisará desenvolver habilidades de caixa ou contratar alguém para ajudá-lo nisso. De um modo simplista, quanto maior o sucesso, mais será importante fazer uma boa gestão de caixa para encontrar as melhores rentabilidades e controles, incluindo demandas legais, como imposto de renda e tributações em cima de rendimentos de jogos.

Levou aproximadamente sete anos para que eu e meus sócios parássemos de olhar somente para a melhoria do produto e déssemos espaço para uma área muito mais robusta de controladoria em minhas empresas. A controladoria fez com que avançássemos muito em tributos, oportunidades fiscais e tributárias, além de estudos e análises de fusões e aquisições para a Holding. Portanto, essa estrutura foi fundamental para crescermos e avançarmos como companhia. Investimento certo, no momento certo.

Você não precisa ter um time robusto para ter clareza de seu financeiro e dados de Profit and Loss (P&L) ou perdas e lucros, em português. Muitas vezes, uma planilha em Excel organizada é mais que suficiente. Não negligencie a importância de um bom controle, não importa se você é um analista, empresário, gerente, coordenador ou jogador.

CAPÍTULO 12

♣♦♥♠

TEORIA DOS JOGOS

NO PÔQUER E NA VIDA, DESCOBRI QUE TEM MUITOS QUERENDO QUE VOCÊ DESISTA, SEM TER NADA MELHOR NA MÃO.

(Douglas Liandi)

Em 2004, aos 19 anos, eu era um jovem que já conhecia um pouco o empreendedorismo, a matemática e suas incríveis probabilidades.

Em uma época em que não havia *streamings* difundidos, comprei o DVD de um filme que todos estavam comentando e que, pela sinopse, parecia ideal para mim: *Uma mente brilhante*, dirigido por Ron Howard e estrelado por Russell Crowe.

Recomendação perfeita. O filme foi um dos mais impactantes da minha vida. Certamente, devo tê-lo assistido mais de cinco vezes, sendo três delas numa mesma semana. O único filme a que assisti e acabou superando essa quantidade foi a trilogia do *Senhor dos Anéis* (versão estendida), que tive o prazer de ver 11 vezes – e contando...

Voltando a *Uma mente brilhante*, além de ser incrível, o filme surgiu num momento propício para mim, porque deu uma base de probabilidades e provocações de raciocínio lógico que, claro, consegui cruzar com o mundo dos jogos. Alguns anos depois, pude aplicar tudo isso fortemente em minhas empresas e no pôquer.

O filme retrata a vida de John Nash, um gênio da matemática que alcançou sucesso e uma carreira acadêmica respeitável depois de resolver, na década de 1950, um problema relacionado à Teoria dos Jogos. Isso lhe rendeu o prêmio Nobel de Economia em 1994.

A Teoria dos Jogos é o que nos interessa aqui. Vamos entender juntos esse conceito, qual foi o problema que John Nash resolveu e como aplicar essas ideias ao pôquer e às decisões de negócios.

A Teoria dos Jogos é uma ferramenta matemática que ajuda a entender como as pessoas tomam decisões quando interagem com terceiros, ou seja, com outros indivíduos, empresas ou entidades. Basicamente, é como as escolhas de um afetam as escolhas do outro e vice-versa. Essa teoria – aplicada em várias áreas, como economia, ciência política, biologia etc. – envolve situações de competição ou cooperação, mostrando como as escolhas de cada lado impactam o resultado.

Imagine um jogo de xadrez, em que cada jogador precisa antecipar as jogadas do adversário para decidir sua própria estratégia. Na Teoria dos Jogos, essas estratégias e interações são analisadas usando modelos matemáticos para prever resultados possíveis e encontrar as melhores decisões em diferentes situações.

Não entrarei nos cálculos, mas em sua aplicação. A base da teoria foi desenvolvida por John Von Neumann, porém, estava limitada a jogos somente entre duas pessoas, em situações de soma zero, ou seja, quando os interesses dos jogadores são completamente opostos. O que um ganha é exatamente o que o outro perde. É um tipo de situação bastante restrita e com poucas aplicações de fato.

O que John Nash fez foi criar, quando tinha 20 anos, o Equilíbrio de Nash, fazendo com que a fórmula pudesse ser aplicada a qualquer número de participantes e provando, ainda, que qualquer jogo finito tinha um ponto de equilíbrio. Isso deu abertura para vários matemáticos que viriam depois, com outras teorias e avanços tecnológicos.

Mas, afinal, o que é o Equilíbrio de Nash? É um modelo que representa um jogo em que cada jogador escolhe uma estratégia e não é vantajoso para nenhum mudar de lado, desde que os outros mantenham suas decisões. Ou seja, ninguém tem incentivo para mudar de opinião.

A melhor forma de entender o Equilíbrio de Nash é com o clássico exemplo do Dilema dos Prisioneiros, um jogo de cooperação amplamente estudado na Teoria dos Jogos, em que os jogadores podem trabalhar juntos para atingir um objetivo comum.

A história é a seguinte: a polícia capturou dois bandidos, mas tem provas suficientes para uma condenação de apenas um ano; não há provas para uma condenação completa. Assim, opta por interrogar cada um separadamente. Ao falar com os criminosos, os policiais avisam sobre as condições:

- Se ambos se calarem, há provas para prender cada um pelo período de um ano;
- Se o **Prisioneiro A** confessar o roubo e o **Prisioneiro B** ficar em silêncio, **A** ficará livre e **B** será condenado a 20 anos de prisão;
- Se **A** ficar em silêncio, mas seu comparsa **B** assumir, **A** pegará 20 anos de cadeia e **B** ficará livre;
- Por fim, se ambos confessarem, cada um terá uma condenação de cinco anos.

Prisioneiro A

Prisioneiro B	Silêncio	Confessa
Silêncio	**A** - 1 ano **B** - 1 ano	**A** - Livre **B** - 20 anos
Confessa	**A** - 20 anos **B** - Livre	**A** - 5 anos **B** - 5 anos

Essas são as informações que cada interrogado tem. Mas, como estão em celas separadas, um não sabe qual será a decisão do outro. Eles têm a opção de cooperar entre si ou trair o parceiro. Portanto, essa é uma clássica situação da Teoria dos Jogos.

O que você faria se fosse um dos interrogados: entregaria o outro bandido ou permaneceria em silêncio?

Vamos aos fatos e às análises.

O primeiro ponto é imaginar as possibilidades de ações de cada bandido. Se o **Prisioneiro B** confessar e o **Prisioneiro A** tiver escolhido ficar calado, este será condenado a 20 anos de cadeia, o que é terrível. Neste caso, o melhor seria **A** confessar também e pegar uma pena menor, de cinco anos.

Por outro lado, imaginando que ambos ficassem calados, cada um pegaria um ano de prisão. Não é ruim, mas se o **Prisioneiro A** permanecesse em silêncio, **B** poderia sair livre se tivesse confessado.

Portanto, a melhor opção tanto para **A** quanto para **B** será confessar o crime. Quando os dois prisioneiros ou jogadores decidem confessar (ou seja, os dois escolhem a melhor estratégia, chamada de estratégia dominante), ocorre um equilíbrio, o Equilíbrio de Nash.

A grande visão do Equilíbrio de Nash é entender matematicamente que a melhor jogada nem sempre será a mais óbvia ou a que tem indicadores melhores. Quando pensamos no Dilema dos Prisioneiros, é extremamente sedutor o fato de sair livre ou pegar apenas um ano de prisão. Parece pequeno, simples e óbvio. A grande maioria das pessoas possivelmente escolheria se calar, apostando que seu parceiro também o faria. Porém, quando entendemos que nem sempre os melhores retornos estão nos movimentos e ações óbvias, o Equilíbrio de Nash fica claro e evidente.

Até porque se você, como jogador, ficasse calado, seu adversário poderia facilmente entender seu movimento e te delatar, saindo livre e te condenando a 20 anos de cadeia.

REPENSANDO AS ESTRATÉGIAS

Vamos aprofundar um pouco mais e ver como aplicar o Equilíbrio de Nash no mundo empresarial. Como exemplo, duas empresas concorrentes estão em um cenário de promoção sazonal, como Natal ou Black Friday. Elas precisam tomar a decisão de aumentar ou reduzir seus preços para melhorar o giro do estoque e, por consequência, o lucro da operação.

- Se o **Restaurante A** reduz suas margens e **B** as mantém, neste caso, **A** venderia muito mais, aumentando os lucros. Já o **Restaurante B** perderia em volume de vendas e, por consequência, teria menos lucro.
- Já se o **Restaurante A** mantém suas margens e o **Restaurante B** as reduz, isso representa menos lucro para **A** e mais lucro para **B**, pois, mesmo com preços reduzidos, concentraria boa parte das vendas, girando o estoque e trazendo mais lucro através de um alto volume de vendas.
- Se ambas reduzissem as margens de lucro, elas manteriam seus clientes e o volume de transações médias mensais. Mas a diminuição das margens faria os lucros caírem também.

Neste caso, a melhor opção (hipoteticamente) seria essas empresas combinarem de não dar desconto, e a gente deixa de ter um jogo não cooperativo para ter um jogo de cooperação. No entanto, isso é prejudicial aos consumidores (por isso, temos leis e regulamentos que proíbem esse tipo de prática).

O Equilíbrio de Nash, neste caso, entendendo que não sabemos o movimento da concorrência, acontece ao realizar a promoção, ou seja, reduzir as margens para tentar buscar volume. Se o restaurante concorrente mantivesse os preços, possivelmente, o outro restaurante que aplicasse a promoção aumentaria suas vendas. E, uma vez que ambos entendam que estão perdendo *market share* e receita e decidam fazer a promoção, seriam prejudicados com margens iguais. É por isso que tantas empresas fazem promoções e temos políticas tão agressivas contra cartéis de marcas ou M&A precisando ser aprovados pelo Conselho Administrativo de Defesa Econômica (Cade), órgão público responsável por defender e fomentar a livre concorrência.

Restaurante A

Restaurante B		Preço cheio	Preço Promocional
	Preço cheio	**A** : Lucro= **B** : Lucro=	**A** : Lucro+ **B** : Lucro-
	Preço promocional	**A** : Lucro- **B** : Lucro+	**A** : Lucro- **B** : Lucro-

A Teoria dos Jogos só vem para provar e reforçar a necessidade de entendermos tudo o que vimos ao longo do livro, como conceitos de EV, decisões de negócios e investimentos em produtos e áreas que não geram resultados de curto prazo. Assim como no pôquer, cada decisão de seu adversário é um motivo para reavaliar e repensar sua estratégia.

Em um mercado como o Brasil, onde temos indicadores de juros e Índice Nacional de Preços ao Consumidor Amplo (IPCA, usado para medir a inflação) na ordem de 5% por ano (vide tabela ao lado), é preciso estar sempre atento. Encontrar o Equilíbrio de Nash para cada momento de sua empresa, mesmo sabendo que pode não ser a melhor opção, é importante para extrair novas fontes de receita, oportunidades e também para "lutar" contra uma economia que vai te engolir se você, simplesmente, ficar parado.

IPCA	ACUMULADO
2018	3,75%
2019	4,31%
2020	4,52%
2021	10,06%
2022	5,79%
2023	4,62%

Fonte: Instituto Brasileiro de Geografia e Estatística (IBGE), 2024.

O grande ponto, aqui, é saber que, mesmo nos movimentando, nem sempre teremos os melhores resultados, como vimos no Equilíbrio de Nash. Faz parte dos negócios e da vida não sabermos o que nosso concorrente irá fazer, por isso nem sempre a melhor estratégia é a decisão óbvia. Pense bem, avalie e tome uma decisão.

CONCLUSÃO

♣♦♥♠

HEADS UP

NEM VOCÊ, EU OU NINGUÉM VAI BATER TÃO FORTE QUANTO A VIDA. MAS A QUESTÃO NÃO É O QUÃO FORTE VOCÊ BATE, MAS SIM O QUANTO VOCÊ AGUENTA APANHAR E CONTINUAR SEGUINDO EM FRENTE.

(Rocky Balboa)

No pôquer, *heads up* refere-se a uma situação em que apenas dois jogadores estão jogando um contra o outro. Em inglês, a definição literal desse termo pode significar um alerta, um aviso ou chamar a atenção de alguém para uma situação.

Se você chegou até aqui, este é o nosso *heads up*, nosso momento de aviso e alinhamento final.

Em primeiro lugar, quero te agradecer por compartilhar estas páginas comigo. Sempre fui o tipo de CEO que se esconde atrás de pilhas de trabalho, planilhas de Excel com mil fórmulas ou, simplesmente, atrás da tela do *notebook*. Este livro é a realização e a externalização de tudo o que vivi, estudei e enfrentei ao longo de tantos anos. Nada poderia me dar mais orgulho do que contar minhas experiências.

O pôquer foi o fio condutor de histórias e conselhos que tentei passar, mas não espero que você pegue um baralho e comece a jogar. Essa nunca foi e nem será minha intenção com este livro, mas sim que você possa levar um pouco dos aprendizados que tive em minha jornada.

Minha proposta com este livro é criar provocações e tentar instigar você, leitor, com pensamentos diferentes sobre suas ações, seus entregáveis, seus dados e números, com ensinamentos para a vida profissional e pessoal. Espero que tenha conseguido isso, ainda que de maneira modesta. Te convido a viver e a ver problemas de um jeito diferente.

Entendi, ao longo do tempo, que aquele clichê de que "a jornada é mais importante do que o destino" é a mais pura verdade. Os maiores aprendizados que tive não vieram com os resultados de uma vitória ou derrota, mas pelo fato de estar aberto a dissecar aquela experiência até extrair o máximo dela. Em cada cliente que recebo, cada proposta de negócio ou cada mão que jogo, estou genuinamente aberto para aprender e sair melhor. Com este livro, te convido e te provoco a pensar sobre a jornada, uma jornada incrível chamada vida.

Stu Ungar, reconhecidamente um dos melhores jogadores de pôquer do mundo, vencedor do Main Event por três vezes nos anos de 1980, 1981 e 1997, uma vez disse: "Se em meia hora você não encontrar o 'pato' na mesa, o 'pato' é você". Com este livro te convido a ter a humildade de reconhecer que, às vezes, o pato da mesa será você.

A ironia deste livro está em descobrirmos que ao buscar algum atalho ou modo de acelerar seu sucesso, ele poderá estar escondido em suas derrotas. O erro/fracasso esconde, em minha opinião, algo único que pode ser o catalisador e uma alavanca poderosa para o sucesso. Quando abri minha primeira agência aos 17 anos, falhei ao não valorizar gestão financeira e processos. Quando, anos mais tarde, fundei a NiceHand, a rede social de pôquer, falhei ao não reconhecer a importância da constância, visão sistêmica e ter um bom *business plan* atrelado.

Quando abri a primeira loja de artigos de pôquer, falhei ao não projetar corretamente a relação de demanda x oferta. Quando, depois, pensei estar pronto e abri um portal de opiniões para concorrer com o Google Meu Negócio, negligenciei o mercado de nicho e investimento necessário em marketing.

Quando entendi as dores do Buscapé para a categoria de calçados, criei um comparador de preços que entendia quando o lojista divulgava algum produto com grade quebrada e trazia apenas as ofertas disponíveis com base no tamanho do pé do usuário que estava comprando - falhei novamente por falta de planejamento estratégico, má gestão de tempo e produtividade. Quando abri o *e-commerce* da Jogos e Baralhos e passei a importar baralhos e jogos de tabuleiro, falhei novamente, errei em gestão de pessoas e administração de conflitos. E que sorte a minha ter errado tanto (e acertado as vezes também). No final, como disse, não é sobre o resultado, mas sim sobre o processo. Pude aprender mais do que qualquer livro ou faculdade teriam me ensinado, pude testar sem receio do que aconteceria, simplesmente pela vontade mais pura de viver e aprender.

Vivemos em um país onde a estrada do sucesso é tortuosa, solitária e frustrante, na maioria das vezes. Temos poucos incentivos tributários, muitos desafios legais e problemas intrínsecos da sociedade em julgar negativamente quem conseguiu superar tais barreiras.

Acredito que a estrada do sucesso passa por criar experiências e aprender com cada uma delas. Saiba valorizar isso e realmente abra sua mente para uma visão diferente da que fomos ensinados desde o dia 1 de nossas vidas dentro de uma sociedade focada mais no resultado financeiro do que na experiência do processo.

Você já parou para pensar no conceito do dia útil? No dicionário, o dia útil nada mais é do que qualquer dia entre segunda-feira e sexta-feira, desde que não seja feriado, que constitui, geralmente, um dia de trabalho para a maioria da população. Ainda não percebeu como isso soa absurdo? Se aceitamos esse conceito, automaticamente, estamos aceitando que um sábado, um domingo ou um feriado seria um dia "inútil" ou, simplesmente, "improdutivo" para conceitos econômicos e sociais.

Como criar uma mentalidade focada no processo e na experiência, se somos enraizados em conceitos de sermos extremamente produtivos e "úteis", priorizando resultados? Como pedir para uma sociedade que considera sábados, domingos e feriados dias "improdutivos" para estimular e aceitar erros como parte de um aprendizado maior?

Difícil não ser *result oriented* quando o mundo, nossos pais e nosso sistema de ensino não nos ensinaram que tinham um modo diferente de ver as coisas. Na minha modesta opinião, o sucesso está depois de conceitos entregues por uma sociedade que tem no resultado e no dinheiro seu único meio de avaliação. Te convido a pensar e a ver o mundo de um modo diferente. Nem tudo o que te ensinaram precisa ser verdade, ou precisa ser a sua verdade. Seja você, com suas qualidades e defeitos, e esteja genuinamente aberto a aprender e a evoluir como profissional e como ser humano, não importa se for uma segunda-feira ou um domingo.

Não escrevo este livro somente para empreendedores. Escrevo para quem simplesmente quer viver melhor no trabalho ou jogando com amigos. Não é sobre *hardwork* ou como ser um *workaholic* de sucesso. É sobre trabalhar de maneira mais inteligente e aberta a erros, acertos, aprendizados e mudanças rápidas de rota.

O pôquer me ensinou a cair uma, duas, três... Infinitas vezes. A média de pessoas que entra numa zona de premiação em um torneio é de, aproximadamente, 12%. Ou seja, 88% das vezes vão jogar e perder. Uma hora, você cansa de tanta derrota e pensa em abandonar seus sonhos, mas, no final, só existem duas opções: desistir ou continuar.

Levei quase cinco anos para começar a ter um sucesso mínimo em minha empresa, e depois precisei me agarrar a esses primeiros resultados e crescer em cima deles. Mas quantas vezes pensei em desistir? Quantas vezes caí e perdi? Boa parte do meu sucesso hoje é fruto de experiências e conhecimentos adquiridos através dessa escola chamada vida.

Mas, afinal, o que é a jogada de sucesso? O que seria sucesso? O dicionário define esta palavra como êxito, triunfo, bom desempenho. Mas acredito que é você quem define sucesso. Esqueça dicionários e definições literárias.

Quando você fecha seu olho e pensa em sucesso, o que vê? Pense numa fórmula matemática em que o sucesso é o resultado de uma equação. Todos querem o tal sucesso, todos buscam a tal jogada de sucesso e almejam alcançar resultados. Porém, tendo como base o número 100, que seria nosso número de sucesso, são infinitas as possibilidades de chegarmos a ele. Podemos explorar linhas de adição (50+50), subtração (150-50), multiplicação (25x4) e divisão (200/2) entre milhares de outras opções, literalmente infinitas opções. Exatamente como o sucesso.

Infelizmente, não existe uma única jogada de sucesso, não há um caminho ou apenas uma fórmula para se chegar ao resultado desejado. Neste livro, apresentei as minhas jogadas, as minhas fórmulas, como exemplo dos erros e acertos que podemos experimentar na vida. Cada pessoa tem seu estilo e preferência e conhecer outras histórias não definirá qual será a sua, mas pode ajudar de alguma maneira, servir de inspiração.

Lembre-se: muito se fala sobre como chegar ao sucesso, mas pouco se fala sobre o que fazer, como fazer e o que acontece quando você chega lá. Todo esportista treina exaustivamente para, um dia, subir ao pódio, mas poucos treinam sua mente, seu corpo e sua alma para os dias depois do pódio. Colocamos tanta energia e foco em nossos objetivos, em metas financeiras e em planos futuros que nos esquecemos de nos preparar para o que vem depois disso.

Portanto, não siga gurus de internet ou pessoas que definem caminhos como verdades absolutas. A beleza do sucesso e da vida está em encontrar a sua definição de sucesso ao longo do seu caminho e estar preparado para vivê-lo.

Obrigado pela leitura e, caso queira falar comigo, siga meu LinkedIn. Estou superaberto para *feedbacks* construtivos e vou adorar te ouvir. Se for *feedback* destrutivo (*hater*), venha preparado, porque o pôquer me ensinou a levantar rápido, sofrer pouco e responder à altura.

Um grande abraço! A gente se encontra nas mesas de pôquer ou em reuniões de negócios.

Acesse meu perfil no Linkedin pelo QR Code.

APÊNDICE

A DINÂMICA DO PÔQUER

Se você ficou curioso sobre o pôquer, aqui explico um pouco da dinâmica deste jogo incrível.

Principais modalidades

■ **Texas Hold'em**: é a forma mais popular de pôquer e é justamente a modalidade que jogo e sobre a qual falo aqui no livro. Cada jogador recebe duas cartas fechadas e, em seguida, cinco cartas comunitárias são distribuídas no centro da mesa, em três etapas: o Flop (três cartas), o Turn (uma carta) e o River (uma carta). Os jogadores usam as duas cartas fechadas e as cartas comunitárias para formar a melhor mão de cinco cartas possível.

■ **Omaha**: nesta modalidade, cada jogador recebe quatro cartas fechadas em vez de duas. No entanto, assim como no Texas Hold'em, há cinco cartas comunitárias distribuídas em três etapas. A principal diferença é que, ao construir sua mão final, os jogadores devem usar exatamente duas cartas de sua mão e três cartas comunitárias.

■ **Seven Card Stud**: é jogado com cartas fechadas e abertas, em vez de cartas comunitárias. Cada jogador recebe sete cartas ao longo da mão, três delas de face para baixo e quatro de face para cima. Os jogadores usam suas sete cartas para formar a melhor mão de cinco cartas possível.

■ **Razz**: é uma variante do Seven Card Stud, mas, ao contrário do Seven Card Stud tradicional, o objetivo em Razz é ter a menor mão possível. As mãos de pôquer convencionais são invertidas, então a sequência mais baixa (A-2-3-4-5) é a melhor mão possível.

■ Cada uma dessas modalidades tem suas próprias nuances e estratégias específicas. É importante explorar cada uma delas para entender completamente a diversidade e a complexidade do pôquer.

Cash games x torneios

A principal diferença entre *cash games* (jogos em dinheiro) e torneios de pôquer está na estrutura e na forma como os jogadores competem:

Cash Games (jogos em dinheiro)

- Os jogadores compram fichas com dinheiro real e podem entrar e sair da mesa a qualquer momento, desde que respeitem as regras mínimas de compra e saída;

- As fichas têm um valor monetário direto. Se um jogador ganha um pote, ele ganha o valor monetário correspondente às fichas que ganhou.

Torneios de pôquer

- Nos torneios, os jogadores pagam uma taxa de entrada fixa que dá direito a uma quantidade específica de fichas. Os jogadores continuam jogando até perderem todas as suas fichas, momento em que são eliminados do torneio;

- As fichas de torneio não têm valor monetário direto. O objetivo é acumular fichas para permanecer na competição e, eventualmente, ganhar o torneio;

- A estrutura de apostas em torneios geralmente aumenta ao longo do tempo, com níveis de *blinds* e antes sendo aumentados periodicamente. Isso aumenta a pressão sobre os jogadores e incentiva a ação.

- Em resumo, nos *cash games*, os jogadores trocam dinheiro por fichas e podem entrar e sair a qualquer momento, enquanto nos torneios pagam uma taxa de entrada fixa, jogam até perderem todas as suas fichas e competem por prêmios baseados na posição final.

Dinâmica do jogo Texas Hold'em

A dinâmica do jogo Texas Hold'em pode ser dividida em várias etapas, desde a distribuição das cartas até a determinação do vencedor. Aqui está uma explicação passo a passo:

Blinds

- São as apostas obrigatórias feitas pelos dois jogadores à esquerda do Dealer antes do início de cada mão. O jogador imediatamente à esquerda do Dealer coloca o Small Blind (a aposta menor) e o próximo jogador à esquerda coloca o Big Blind (a aposta maior). Os Blinds garantem que sempre haja fichas no pote para jogar, incentivando a ação. Após os Blinds pagos, começa-se a distribuição de cartas;

■ O Dealer é designado por uma ficha chamada "botão do dealer", que circula à mesa a cada mão, movendo-se no sentido horário após cada rodada de apostas.

Distribuição das cartas

■ Cada jogador na mesa recebe duas cartas, de face para baixo (fechadas). Estas são as cartas exclusivas e só podem ser vistas por eles próprios;

■ Após a distribuição das cartas, ocorre a primeira rodada de apostas, conhecida como pré-flop.

Pré-flop

■ Começando pelo jogador à esquerda do Big Blind (posição conhecida como Under the Gun – UTG), cada jogador tem a opção de desistir (fold), igualar a aposta mínima (call) ou aumentar a aposta (raise);

■ Após a rodada de apostas pré-flop, três cartas comunitárias são distribuídas, viradas para cima, no centro da mesa. Esta é conhecida como Flop.

O Flop

■ No Flop, três cartas comunitárias são distribuídas, viradas para cima, no centro da mesa;

■ Os jogadores usam suas duas cartas fechadas e as três cartas comunitárias para formar a melhor mão de pôquer de cinco cartas possível;

■ Uma segunda rodada de apostas ocorre, começando pelo jogador à esquerda do botão do Dealer.

O Turn

■ Após a rodada de apostas do Flop, uma quarta carta comunitária é distribuída, virada para cima. Esta é conhecida como Turn;

■ Então, ocorre outra rodada de apostas, seguindo a mesma ordem de apostas do Flop.

O River

■ Após a rodada de apostas do Turn, a quinta e última carta comunitária é distribuída, virada para cima. Esta é conhecida como River;

- A última rodada de apostas ocorre, novamente, seguindo a mesma ordem de apostas.

Showdown

- Se houver dois ou mais jogadores restantes após a rodada de apostas do River, ocorre o showdown, onde os jogadores mostram suas mãos;
- O jogador com a melhor mão de cinco cartas, formada pelas suas duas cartas e as cinco cartas comunitárias, ganha o pote.

Distribuição do pote

- O jogador vencedor ganha todas as fichas no centro da mesa (o pote). Se houver empate, o pote é dividido entre os jogadores empatados.
- Esses são os passos básicos da dinâmica do Texas Hold'em. À medida que os jogadores ganham experiência, começam a desenvolver estratégias mais complexas em cada etapa do jogo.

REFERÊNCIAS

Capítulo 1

BARRENSE, Heloísa. *Comprada pelas Americanas no Brasil, só sobrou uma Blockbuster.* 20 jan. 2023. Disponível em: https://economia.uol.com.br/noticias/redacao/2023/01/20/americanas-blockbuster-historia.htm. Acesso em: 08 abr. 2024.

Capítulo 2

MEGA da Virada 2023: prêmio de R$ 588,9 milhões é dividido em 5 apostas. 31 dez. 2023. Disponível em: https://www.infomoney.com.br/consumo/mega-da-virada-2023-premio-de-r-5889-milhoes-e-dividido-em-5-apostas-veja-cidades. Acesso em: 14 mar. 2024.

SCHOONMAKER, Alan. *Psicologia do poker.* Belo Horizonte: Raise, 2011.

Capítulo 3

FUHRMAS, Vanessa; ELLIS, Lindsay. *Half of college grads are working jobs that don't use their degrees.* 22 fev. 2024. Disponível em: https://www.wsj.com/lifestyle/careers/college=-degree-jobs-unused440-2babd?reflink-desktopwebshare_permalink&st=esuycpaipkott9n&utm_source=the_news&utm_medium=newsletter&utm_campaign=27-02-2024. Acesso em: 25 mar. 2024.

HSIEH, Tony. *Delivering happiness*: a path to profits, passion and purpose. Nova York: Grand Central Publishing, 2010.

MARQUES, José Roberto. *Como funciona o modelo de aprendizagem 70-20-10 nas empresas.* 03 jun. 2019. Disponível em: https://www.ibccoaching.com.br/portal/como-funciona-o-modelo-de-aprendizagem-70-20-10-nas-empresas. Acesso em: 25 mar. 2024.

Capítulo 4

STANFORD. *Steve Jobs' 2005 Stanford Commencement Address.* 07 mar. 2008. Disponível em: https://www.youtube.com/watch?v=UF8uR6Z6KLc. Acesso em: 26 fev. 2024.

Capítulo 6

PAIFFER, Carol. *Empreendedorismo*: como evitar que a sua empresa feche as portas. 16 nov. 2022. Disponível em: https://einvestidor.estadao.com.br/colunas/carol-paiffer/empreendedorismo-como-manter-empresa-aberta. Acesso em: 15 mar. 2024.

Capítulo 7

GIFFONI, Nicolas. *Efeito Pigmaleão*: o que é e qual a relação com liderança?. 07 abr. 2020. Disponível em: https://www.ieepeducacao.com.br/efeito-pigmaleao. Acesso em: 10 mai. 2024.

Capítulo 9

ASSOCIAÇÃO BRASILEIRA DE COMÉRCIO ELETRÔNICO. *Principais indicadores do e-commerce*: 2018/2023. Disponível em: https://dados.abcomm.org/crescimento-do-ecommerce-brasileiro. Acesso em: 05 abr. 2024.

CARVALHO, Alexandre. *O que são Id, Ego e Superego?*. Disponível em: https://super.abril.com.br/especiais/id-ego-e-superego-deus-e-o-diabo-na-terra-do-eu. Acesso em: 05 abr. 2024.

SOCIEDADE INTERNACIONAL DE PSICANÁLISE DE SÃO PAULO. *Diferença entre Id, Ego e Superego*. Disponível em: https://sociedadedepsicanalise.com.br/blog/id-ego-e-superego. Acesso em: 05 abr. 2024.

Capítulo 12

INSTITUTO BRASILEIRO DE GEOGRAFIA E ESTATÍSTICA. Índice Nacional de Preços ao Consumidor Amplo (*IPCA*). Disponível em: https://www.ibge.gov.br/estatisticas/economicas/precos-e-custos/9256-indice-nacional-de-precos-ao-consumidor-amplo.html?=&t=series-historicas. Acesso em: 08 abr. 2024.

TEM CIÊNCIA. *Dilema dos Prisioneiros e o Equilíbrio de Nash*. 04 jan. 2023. Disponível em: https://www.youtube.com/watch?v=C15Kba_9q7A. Acesso em: 27 mar. 2024.

Este livro foi impresso em São
Paulo, em agosto de 2024.